Nachträge

zum Hypothekensicherungsgesetz und zum Soforthilfegesetz

(Stand vom 1. Juli 1950)

Das Blatt (ohne Seitenzahl)

Erster Teil

Steuerliche Bestimmungen

ist hinter der Einleitung, also hinter Seite **14** einzufügen.

Zu Abtlg. I A Inhaltsangabe hinter S. 15 einfügen

20. Verwaltungsanordnung des Bundesministers der Finanzen für die Behandlung von Anträgen auf Bewilligung des Verzichts auf Umstellungsgrundschulden vom 4. November 1949 (Bundesanzeiger Nr. 23 vom 15. November 1949).

21. Bayern. Zweite Anordnung zur Durchführung des Gesetzes zur Sicherung von Forderungen für den Lastenausgleich vom 30. November 1949 (GVBl. S. 290).

22. Runderlaß des Bundesministers der Finanzen vom 2. Dezember 1949 betr. Soforthilfeabgabe: Ermessensstundungen aus wirtschaftlichen Gründen (Bundesanzeiger Nr. 15 vom 21. Januar 1950).

23. Runderlaß des Bundesministers der Finanzen vom 22. Dezember 1949 betr. 2. SHA-Sammelerlaß (Ministerialblatt des Bundesministeriums der Finanzen 1949/50 Nr. 2 S. 52).

24. Runderlaß des Bundesministers der Finanzen vom 23. März 1950 betr. §§ 6 und 13 SHG., Ehen zwischen Angehörigen der Vereinten Nationen (AVN.) und Deutschen (Ministerialblatt des Bundesministeriums der Finanzen 1949/50 Nr. 7 S. 155).

25. Richtlinien des Hauptamts für Soforthilfe vom 7. November 1949 über die Nichterhebung der Soforthilfeabgabe bei Verpachtung land- und forstwirtschaftlicher Betriebe (Bundesanzeiger Nr. 29 vom 29. November 1949).

20.

Verwaltungsanordnung

des Bundesministers der Finanzen vom 4. Nov. 1949 für die Behandlung von Anträgen auf Bewilligung des Verzichts auf Umstellungsgrundschulden

(Bundesanzeiger Nr. 23 vom 15. November 1949)

Auf Grund von § 4 Abs. 2 des Gesetzes zur Sicherung von Forderungen für den Lastenausgleich vom 2. September 1948 (Gesetz- und Verordnungsblatt des Wirtschaftsrats S. 87) wird hiermit angeordnet:

Das Gesetz vom 10. August 1949 (WiGBl. S. 232) zur Änderung des Gesetzes zur Sicherung von Forderungen für den Lastenausgleich sieht einen allgemeinen Verzicht auf die Grundschulden (§ 3a) und einen Verzicht im Falle des Wiederaufbaues (§ 3b) vor. Voraussetzung ist in beiden Fällen, daß das Grundstück von Kriegssachschäden im Sinne der Kriegssachschädenverordnung vom 30. November 1940 (RGBl. I S. 1547) oder von Kriegsfolgeschäden, insbesondere von Demontagen oder Restitutionen, betroffen ist.

I. Allgemeiner Verzicht (§ 3a)

1. Der Schaden wird aus dem Unterschied zwischen dem letzten Einheitswert vor Eintritt des Schadens und dem auf den 21. Juni 1948 fortgeschriebenen Einheitswert (§ 1 des Gesetzes betreffend Fortschreibungen und Nachfeststellungen von Einheitswerten des Grundbesitzes auf den 21. Juni 1948 vom 10. März 1949 — WiGBl. S. 25 —) berechnet. Die Schadensquote wird in einem Hundertsatz des letzten Einheitswerts vor Eintritt des Schadens ausgedrückt. Bei Bagatellschäden entfällt ein Verzicht; als solche gelten Beschädigungen, in denen die Schadensquote nicht mehr als 10 v. H. und, wenn die Belastung des Grundstücks am 21. Juni 1948 zuzüglich der (am 1. Juli 1948 entstandenen) Umstellungsgrundschulden höher als 70 v. H. des letzten, in Reichsmark festgestellten Einheitswertes vor dem Schadensfall war, nicht mehr als 5 v. H. beträgt.

2. Die Grundlage für die Festsetzung des Betrags, auf den zu verzichten ist, bildet die Summe der Umstellungsgrundschulden (§ 3a Abs. 3 Satz 1), nicht etwa die Gesamtbelastung (Resthypotheken und Umstellungsgrundschulden).

Beispiel:

Letzter Einheitswert vor dem Schadensfall	100 000.— DM
Auf den 21. Juni 1948 fortgeschriebener Einheitswert	30 000.— DM
Schaden	70 000.— DM
Gesamtbelastung nach Inkrafttreten des Sicherungsgesetzes	50 000.— DM

Davon

1. umgestelltes Recht (1/10)	4000.— DM	
1. Umstellungsgrundschuld	36000.— DM	
2. umgestelltes Recht (1/10)	1000.— DM	
2. Umstellungsgrundschuld	9000.— DM	50000.— DM

Verhältnis des Sachschadens (70000) zum letzten Einheitswert vor dem Schaden

$$(100000) = \frac{70000}{100000} = 70 \text{ v. H. (Schadensquote).}$$

Verzicht auf die Umstellungsgrundschulden in Höhe von 70 v. H. von (36000 + 9000 =) 45000 DM =		31500.— DM
nämlich auf die 2. Umstellungsgrundschuld in voller Höhe . . . . =	9000.— DM	
und auf die 1. Umstellungsgrundschuld in Höhe von (31500 — 9000 =) .	22500.— DM	31500.— DM
Es bleiben somit von den Umstellungsgrundschulden bestehen, und zwar von dem bestrangigen Teil der 1. Umstellungsgrundschuld (36000 — 22500 =) . .		13500.— DM

Bei dem Verzicht auf einen Teil einer Umstellungsgrundschuld ermäßigen sich die bisherigen Leistungen auf diese Umstellungsgrundsehuld in demselben Verhältnis, in dem sich das Kapital ermäßigt hat. In dem obigen Beispiel bleibt von der 1. Umstellungsgrundschuld ein Teilbetrag von 13500.— DM bestehen, das sind 37,5 v. H.; mithin sind von der Annuität für die 1. Umstellungsgrundschuld 37,5 v. H. weiter zu entrichten.

3. Ist der Schaden, z. B. bei den Kriegsfolgeschäden, durch Demontagen oder Restitutionen, nach dem 21. Juni 1948 eingetreten, so tritt an Stelle des Einheitswerts vom 21. Juni 1948 der für den nächsten Feststellungszeitpunkt nach Eintritt des Schadens festgesetzte Einheitswert. Ist der Schaden bis zu diesem Feststellungszeitpunkt bereits ganz oder teilweise behoben worden, so kann die für die Erklärung des Verzichts zuständige Stelle aus Billigkeitsgründen einen angemessenen Abschlag von dem festgesetzten Einheitswert vornehmen.

4. Es ist darauf hinzuwirken, daß die Finanzämter die Einheitswerte der unter dieses Gesetz fallenden Grundstücke tunlichst bevorzugt fortschreiben. Bis zur Feststellung des fortgeschriebenen Einheitswertes besteht die Leistungspflicht unbeschadet der Möglichkeit eines Erlasses nach § 5 Abs. 4 der (Ersten) Verordnung zur Durchführung des Gesetzes zur Sicherung von Forderungen für den Lastenausgleich weiter.

II. Verzicht bei Wiederaufbau (§ 3b)

5. Im Falle des Wiederaufbaues ist, wenn das Gebäude nach dem 20. Juni 1948 bezugsfertig geworden ist, der Verzicht auf Antrag des Eigentümers insoweit auszusprechen, als die Verzinsung und Tilgung der Umstellungsgrundschulden aus den Erträgnissen des wiederhergestellten Ge-

bäudes nicht aufgebracht werden können. Es dürfen dabei jedoch nur im Rahmen des Aufbauplans aufgeführte Dauerbauten Berücksichtigung finden; in Ermangelung eines besonderen Aufbauplans gilt der behördlich genehmigte oder festgesetzte Bebauungsplan als Aufbauplan. Der Verzicht nach § 3b ist auch dann zulässig, wenn vorher bereits ein Verzicht nach § 3a ausgesprochen ist.

6. Grundstückserträgnisse sind alle aus einem Grundstück oder grundstücksgleichen Recht oder seinem Zubehör durch eigene Nutzung oder durch Überlassung an Dritte erzielten oder gesetzlich erzielbaren Bruttoeinnahmen, insbesondere Mieten, Pachten, Vergütungen für Einräumung eines Erbbaurechts, einer Dienstbarkeit, eines Nießbrauchs usw.

Als Nutzungswert einer eigengenutzten Wohnung oder der einem Dritten unentgeltlich oder unter der ortsüblichen Miete überlassenen Wohnung ist die ortsübliche Miete anzusetzen. In Zweifelsfällen ist die örtliche Preisbehörde gutachtlich zu hören.

Bei den auf Grund der Kleinsiedlungsbestimmungen geförderten Kleinsiedlungen ist der objektive Nutzungswert anzusetzen.

7. Als Aufwendungen sind in der Ertragsrechnung zu berücksichtigen:

a) die öffentlichen Lasten,
b) die notwendigen Kosten für die Bewirtschaftung,
c) die Verpflichtungen aus umgestellten Grundpfandrechten Dritter,
d) die angemessene Verzinsung und Tilgung der Wiederherstellungskosten und
e) eine angemessene Verzinsung von Eigenkapital.

8. Zu den öffentlichen Lasten gehören insbesondere die Grundsteuern, die Gebühren und Beiträge für die Benutzung gemeindlicher Einrichtungen (Kanalbenutzung, Kehrichtabfuhr, Straßenreinigung, Wasserversorgung usw.), Brand-, Haftpflicht-, Sturm- und Glasversicherungsbeiträge sowie ähnliche Leistungen, auch soweit sie auf privatrechtlicher Grundlage beruhen.

9. Die notwendigen Kosten für die Bewirtschaftung sind im einzelnen wie folgt zu berücksichtigen:

a) als Instandhaltungskosten sind in der Regel anzusetzen: in Gemeinden bis zu 20000 Einwohnern bis zu 1.35 DM je qm Nutzfläche, in Gemeinden von 20000—100000 Einwohnern bis zu 1.60 DM je qm Nutzfläche, in Gemeinden mit mehr als 100000 Einwohnern bis zu 1.85 DM je qm Nutzfläche.

   Werden die Schönheitsreparaturen nachweislich durch den Vermieter übernommen, so erhöhen sich die vorstehenden Sätze um 0.40 DM je qm Nutzfläche.

b) Als Verwaltungskosten können allgemeine Verwaltungsaufwendungen bis zur Höhe von jährlich 25.— DM je Wohnung anerkannt werden, sofern in dem Grundstück mehr als zwei abgeschlossene Wohnungen an fremde Hauptmieter oder Pächter überlassen sind. Dieser Satz kann bis auf 33.— DM je Wohnung erhöht werden, wenn in dem Grundstück überwiegend Kleinwohnungen (mit zwei oder weniger Zimmern) enthalten sind oder die über 25.— DM hinausgehenden Verwaltungskosten nachgewiesen werden.

Verwaltungskosten können ferner ohne Rücksicht auf die Zahl der vermieteten Wohnungen anerkannt werden bei Ein- und Zweifamilienreihenhäusern, bei Kaufanwartschaftshäusern und bei Kleinsiedlungen. Bei aufgelassenen Kleinsiedlungen gelten die nach den amtlichen Kleinsiedlungsbestimmungen zugelassenen Sätze.

c) Für Mietausfälle, die durch Leerstehen von Gebäuden oder Gebäudeteilen, Uneinbringlichkeit von Mietrückständen oder durch Miet- und Räumungsklagen entstehen, kann ein Satz bis zu 2 v.H. der Grundstückserträgnisse in die Ertragsrechnung eingestellt werden.

d) Als Absetzung für Abnutzung kann in die Ertragsrechnung 1 v.H. der Wiederaufbaukosten und des Gebäuderestwertes eingestellt werden. Als Gebäuderestwert gilt der nach § 9 Ziff. 1 des Soforthilfegesetzes zu ermittelnde Wert abzüglich des Wertes von Grund und Boden. Bei bilanzierenden Wohnungsunternehmen kann zur Vereinfachung der gemäß dem D-Mark-Bilanzgesetz vom 21. August 1949 (WiGBl. S. 279) für die Gebäude ermittelte Wert zugrunde gelegt werden. Neben der Absetzung für Abnutzung ist der Abzug von Tilgungsbeträgen nicht zulässig.

e) Die Kosten der Beheizung und Warmwasserversorgung können berücksichtigt werden, soweit der Vermieter zur Heizung und Warmwasserversorgung verpflichtet und das Entgelt hierfür in der Miete enthalten ist.

10. Für Mittel, die nachweislich zur Wiederherstellung des Gebäudes aufgewendet worden sind, können, soweit es sich um eigene Mittel handelt, Zinsen bis zum Betrag von 4 v.H. und, soweit es sich um aufgenommene fremde Mittel handelt, Zinsbeträge bis zu dem Betrag in die Ertragsrechnung eingesetzt werden, welcher dem zur Zeit der Geldaufnahme üblichen Satz erststelliger Tilgungshypotheken entspricht.

11. Als angemessene Verzinsung von Eigenkapital können bis zu 4 v.H. jährlich in die Ertragsrechnung eingesetzt werden. Die Höhe des Eigenkapitals errechnet sich aus dem Gebäuderestwert (Ziff. 9d) zuzüglich des Wertes von Grund und Boden und abzüglich der umgestellten Rechte.

Die Landesregierungen können im Einvernehmen mit dem Bundesminister der Finanzen das Eigenkapital auch abweichend von Absatz 1 ermitteln lassen.

Beispiel 1:

Letzter Einheitswert vor dem Schadensfall		100000.— RM
Gesamtbelastung (zu Beginn des Monats, in dem mit dem Wiederaufbau tatsächlich begonnen ist) . . .		50000.— DM
Davon		
Umgestelltes Recht (1/10)	5000.— DM	
Umstellungsgrundschuld	45000.— DM	
Wiederaufbaukosten		160000.— DM

Davon

Fremde Mittel (zu 6 v.H. Zinsen)		100000.— DM
Eigene Mittel (zu 4 v.H. Zinsen)		60000.— DM
Ertrag des wiederaufgebauten Grundstücks		8000.— DM
ab Bewirtschaftungskosten (einschl. Absetzung für Abnutzung)		3000.— DM
Es bleiben		5000.— DM
5 v.H. Zinsen von 5000.— DM (umgestelltes Recht) . . . . =	250.— DM	
Zinsen für Wiederaufbaukosten		
6 v.H. v. 100000.— DM (Fremde Mittel) . . . . =	6000.— DM	
4 v.H. v. 60000.— DM (Eigene Mittel) =	2400.— DM	
Zinsen für Eigenkapital (Gebäuderestwert 30000 + Bodenwert 10000 — umgestelltes Recht 5000 =) 35000.— DM zu 4 v.H. . . . . . . =	1400.— DM	10050.— DM
es verbleibt mithin ein Fehlbetrag von = ...		5050.— DM

Da hiernach für die Bedienung der Umstellungsgrundschuld kein Ertrag verbleibt, ist auf sie in voller Höhe von 45000.— DM zu verzichten.

Beispiel 2:

Letzter Einheitswert vor dem Schadensfall		100000.— DM
Gesamtbelastung (zu Beginn des Monats, in dem mit dem Wiederaufbau tatsächlich begonnen ist) . . .		90000.— DM

Davon

1. Umgestelltes Recht (1/10)
   6000.— DM zu 4½ v.H. Zinsen und 1 v.H. Tilgung
1. Umstellungsgrundschuld 54000.— DM. Dieser Umstellungsgrundschuld lag ursprünglich ein Grundpfandrecht von 80000.— RM zugrunde, das mit 4½ v.H. zu verzinsen und mit 1 v.H. zu tilgen war, dessen Annuität mithin 4400.— RM betrug. Zu Beginn des Monats, an dem mit dem Wiederaufbau begonnen wurde, betrug die aus diesem Ursprungskapital hervorgegangene Umstellungsgrundschuld noch 54000.— DM; an Jahresleistungen waren hierfür zu erbringen (9/10 von 4400.—) . . . . = 3960.— DM

2. Umgestelltes Recht (1/10) . . . . zu 5 v.H. Zinsen u. 1 v.H. Tilgung	2000.— DM
2. Umstellungsgrundschuld . . . . . zu 5 v.H. Zinsen u. 1 v.H. Tilgung (Jahresleistung 1500.— DM)	18000.— DM
3. Umgestelltes Recht (1/10) . . . . zu 6 v.H. Zinsen	1000.— DM
3. Umstellungsgrundschuld . . . . . zu 6 v.H. Zinsen	9000.— DM
	90000.— DM

Wiederaufbaukosten		45000.— DM
Davon:		
Fremde Mittel 40000.— DM zu 6 v.H. Zinsen		
Eigene Mittel 5000.— DM zu 4 v.H. Zinsen		
Ertrag des wiederaufgebauten Grundstücks		7600.— DM
Bewirtschaftungskosten (einschl. Absetzung für Abwertung)		2380.— DM
Es bleiben		5220.— DM
Zinsendienst für Alt-Hypotheken:		
4½ v.H. von 6000.— DM . . . . . =	270.— DM	
5 v.H. von 2000.— DM . . . . . =	100.— DM	
6 v.H. von 1000.— DM . . . . . =	60.— DM	
	430.— DM	
Wiederaufbaukosten:		
6 v.H. von 40000.— DM . . . . . . =	2400.— DM	
4 v.H von 5000.— DM . . . . . . =	200.— DM	
Zinsen für Eigenkapital (Gebäuderestwert 40000 + Bodenwert 10000 — umgestellte Rechte [1/10] 9000 =) 41000.— DM zu 4 v.H.	1640.— DM	
	4240.— DM	4670.— DM
Es bleiben mithin		550.— DM

Der Betrag von 550.— DM reicht nicht zur Verzinsung und Tilgung sämtlicher Umstellungsgrundschulden, sondern nur eines Teils der 1. Umstellungsgrundschuld aus, und zwar in Höhe von

$\frac{550 \cdot 100}{(3.960)}$ = 13.8889 v.H. Demgemäß bleibt von der Summe der Umstellungsgrundschulden auch nur der Teilbetrag bestehen, der aus dem verbleibenden Ertrag verzinst und getilgt werden kann; das ist von der 1. Umstellungsgrundschuld ein Kapital von (13.8889 v.H. von 54000 — DM =) 7500.— DM.

Es fallen demnach aus	
v. d. 3. Umstellungsgrundschuld (100 v.H.)	9000.— DM
v. d. 2. Umstellungsgrundschuld (100 v.H)	18000.— DM
v. d. 1. Umstellungsgrundschuld (54000.— — 7500.—)	46500.— DM
Es ist auf einen Betrag von . . . . zu verzichten.	73500.— DM

III. Schlußbestimmungen

12. Sowohl in den Fällen des § 3a als auch in denen des § 3b ist jeweils zunächst auf die letztrangige Umstellungsgrundschuld oder auf den letztrangigen Teil davon zu verzichten.

13. Der Verzicht erfolgt im Falle des § 3a mit Wirkung vom 1. Juli 1948, im Fall des § 3b mit Wirkung vom Beginn des Monats an, in dem mit dem Wiederaufbau tatsächlich begonnen ist.

14. Anträge für Wohnungsgrundstücke im Eigentum von juristischen Personen sind nicht nach den Vorschriften des § 3c, sondern nach denen der §§ 3a und 3b zu behandeln.

15. Die rechtsverbindliche Zusicherung ist in der aus der Anlage ersichtlichen Fassung abzugeben.

16. Der Antrag ist schriftlich unter Verwendung eines von den Landesregierungen bekannt zu gebenden Formblatts bei der Stelle einzureichen, die die Landesregierung für die Einreichung der Erlaßanträge nach § 5 Abs. 4 der (Ersten) DVO. zum Gesetz bestimmt hat oder noch bestimmt.

17. Die Stelle, bei welcher der Antrag eingereicht wird, hat ihn sorgfältig zu prüfen und mit einer Stellungnahme an das Finanzamt, in dessen Bezirk das Grundstück gelegen ist oder an die sonst hierfür bestimmte Stelle zu übersenden. Lehnt das Finanzamt oder die sonst dafür bestimmte Stelle des Antrag ganz oder teilweise ab, so kann der Antragsteller eine weitere Überprüfung dieser Entscheidung beantragen. Die hierfür zuständige Stelle wird von der Landesregierung bestimmt.

Schäffer

Anlage

Finanzamt ...., den .....
(Behörde)

An Herrn
....
....
....

Betrifft: Verzicht auf Umstellungsgrundschulden (Gesetz vom 2. September 1948) auf dem Grundstück ...., eingetragen im Grundbuch des Amtsgerichts ....
vom .... Band ....
Blatt Nr. .... Heft Nr. ....

Bezug: Antrag vom ....

Auf Grund des § 3d des Gesetzes zur Sicherung von Forderungen für den Lastenausgleich vom 2. September 1948 in der Fassung des Änderungsgesetzes vom 10. August 1949 wird Ihnen verbindlich zugesichert, daß nach Durchführung des Wiederaufbaues des/der auf dem Grundstück befindlichen zerstörten/beschädigten Gebäude(s) auf die auf dem Grundstück ruhende(n) Umstellungsgrundschuld(en) nach Maßgabe des § 3b des Gesetzes insoweit verzichtet werden wird, als die Leistungen aus den Erträgnissen des/der wiederhergestellten Gebäude(s) nicht aufgebracht werden können.

Diese Entscheidung ergeht auf Grund folgenden Sachverhalts:

1. auf Grund der mit Ihrem Antrag eingereichten Unterlagen (Bauplan, Finanzierungsunterlagen, Ertragsberechnung),

2. auf Grund Ihrer Angaben, daß das oben bezeichnete Grundstück von Kriegssachschäden im Sinne der Kriegssachschäden-Verordnung vom 30. November 1940 (RGBl. I S. 1547) oder von Sachschäden betroffen ist, die infolge von Maßnahmen der Besatzungsmacht entstanden sind,
3. auf Grund Ihrer Angaben, daß die Leistungen auf die Umstellungsgrundschulden ganz — in Höhe eines Teilbetrages von .... DM — aus den Erträgnissen des/der wiederhergestellten Gebäude(s) nicht aufgebracht werden können.

Nach der von Ihnen eingereichten Ertragsrechnung ist in Aussicht genommen, einen Verzicht für folgende Umstellungsgrundschuld(en) zu erklären:

1. letztrangiger Teilbetrag von .... DM der Umstellungsgrundschuld von .... DM, entstanden hinter der in Abteilung III Nr. ...... eingetragenen (eingetragen gewesenen) Hypothek (Grundschuld) von .... RM;
2. Umstellungsgrundschuld von .... DM, entstanden hinter der in Abteilung III Nr. ...... eingetragenen (eingetragen gewesenen) Hypothek (Grundschuld) von ...... RM;
3. Umstellungsgrundschuld von ...... DM, entstanden hinter der in Abteilung III Nr....... eingetragenen (eingetragen gewesenen) Hypothek (Grundschuld) von ...... RM:
4. Umstellungsgrundschuld von ...... DM, entstanden hinter der in Abteilung III Nr. ...... eingetragenen (eingetragen gewesenen) Hypothek (Grundschuld von ...... RM.

Insgesamt ist also ein Verzicht auf Umstellungsgrundschulden in Höhe von ...... DM in Aussicht genommen. Die genaue Berechnung der endgültigen Höhe des Verzichts bleibt vorbehalten. Die Entscheidung kann erst getroffen werden, wenn das/die Gebäude bezugsfertig geworden ist/sind, und wenn die Ertragsrechnung nebst Unterlagen nach diesem Zeitpunkt erneut überprüft worden ist.

Die Zusage wird hinfällig, wenn nicht bis zum .... dem Finanzamt gegenüber der Nachweis geführt wird, daß die oben angeführten Aufbaumaßnahmen durchgeführt sind. Wird der Aufbau erst nach diesem Zeitpunkt im Sinne der Ziff. II, 5 der Verwaltungsanordnung durchgeführt, so ist ein neuer Antrag zu stellen.

Im Auftrag

21.

Zweite Anordnung

zur Durchführung des Gesetzes zur Sicherung von Forderungen für den Lastenausgleich

Vom 30. November 1949

(GVBl. S. 290, FMAmtsbl. S. 456)

Auf Grund des § 3f des Gesetzes zur Sicherung von Forderungen für den Lastenausgleich vom 2. September 1948 (WiGBl. S. 87) in der Fassung des Änderungsgesetzes vom 10. August 1949 (WiGBl. S. 232) und der Nr. 17 Satz 3 der vom Bundesminister der Finanzen erlassenen Verwaltungsanordnung für die Behandlung von Anträgen auf Bewilligung des Verzichts auf Umstellungsgrundschulden vom 4. November 1949 (Bundesanzeiger Nr. 23 vom 15. November 1949) erläßt die Staatsregierung mit Zustimmung des Bundesministers der Finanzen folgende Anordnung:

§ 1

(1) Der Verzicht und die verbindliche Zusicherung werden in den Fällen der §§ 3a und 3c des Gesetzes von den Finanzämtern und in den Fällen des § 3b des Gesetzes von den Regierungen und den Städten München, Nürnberg, Augsburg und Würzburg jeweils für die in ihrem Bezirk gelegenen Grundstücke und gundstücksgleichen Rechte erklärt.

(2) Wird der Antrag ganz oder teilweise abgelehnt, so kann in den Fällen der §§ 3a und 3c des Gesetzes eine Überprüfung der Entscheidung durch das dem Finanzamt übergeordnete Oberfinanzpräsidium und in den Fällen des § 3b des Gesetzes durch die Oberste Baubehörde im Staatsministerium des Innern beantragt werden.

§ 2

Diese Anordnung tritt mit Wirkung vom 1. Juli 1948 in Kraft.

München, den 30. November 1949.

Der bayerische Ministerpräsident

Dr. Hans Ehard

22.

Der Bundesminister der Finanzen

LA 8601 — 25/49 **Bonn,** den 2. Dezember 1949

An
die Herren Finanzminister und Finanzsenatoren der Länder der amerikanischen und britischen Zone

Betrifft: **Soforthilfeabgabe; Ermessensstundungen aus wirtschaftlichen Gründen***)

I. Allgemeines

Anträge auf Stundung der SHA. wegen Zahlungsunfähigkeit sind nach den Grundsätzen der §§ 59 und 60 StDVO.-SHG. zu behandeln.

Maßgebend sind die gesamten wirtschaftlichen Verhältnisse nach Lage des einzelnen Falles.

Es ist ein **strenger Maßstab** anzulegen (vgl. Tz 105 meines Runderlasses vom 6. September 1949 — LA 8635 — 4/49 —, AMBl.Fin. S. 344)**).

Stundung kommt nach § 59 StDVO. nicht in Betracht, soweit die Möglichkeit besteht, die Mittel durch Veräußerung von Vermögensteilen oder auf sonst zumutbare Weise zu beschaffen. Dem Abgabepflichtigen dürfen aber nicht solche Vermögensteile entzogen werden, die die Grundlage seiner wirtschaftlichen Existenz bilden oder deren Veräußerung aus sonstigen Gründen **nicht zumutbar** ist (unten II). Dem Abgabepflichtigen müssen ferner die Mittel belassen werden, die ihm eine **bescheidene Lebensführung** für sich und die von ihm zu unterhaltenden Personen ermöglichen (unten III).

Die nachstehenden Anordnungen sollen keine starre Regelung für alle vorkommenden Fälle bedeuten. Es ist nicht ausgeschlossen, daß in einzelnen Fällen Besonderheiten der wirtschaftlichen Lage eine andere Entscheidung zu Gunsten oder zu Ungunsten des Abgabepflichtigen rechtfertigen.

II. Verwertung von Vermögensgegenständen

Die Beschaffung von Mitteln zur Entrichtung der Abgabe durch Veräußerung von Vermögensteilen ist insoweit nicht zu verlangen, als die Veräußerung **nicht zumutbar** ist.

Ohne weiteres zumutbar ist beispielsweise die Veräußerung entbehrlichen Hausrats, gegebenenfalls von Schmuck und Kunstgegenständen, es sei denn, daß die Veräußerung nur einen nach wirtschaftlichen Gesichtspunkten nicht mehr als angemessen zu bezeichnenden geringen Erlös erbringen würde (Verschleuderung von Vermögenswerten).

*) Bundesanzeiger Nr. 15 vom 21. Januar 1950.
**) Abt. I Abschn. A Nr. 18.

Ob und inwieweit die Veräußerung von **Grundbesitz** zumutbar ist, wird weitgehend von der Lage des einzelnen Falles abhängig sein. In der Regel wird im Hinblick auf das Wesen der SHA. als Vorauszahlung eine Veräußerung von Grundbesitz dann nicht als zumutbar anzusehen sein,

a) wenn das abgabepflichtige Vermögen nur in einem Kleingrundstück besteht (in ländlichen Verhältnissen Grundstücke bis etwa 5000 DM Einheitswert, in städtischen Verhältnissen bis höchstens 10000 DM Einheitswert, je nach der Größe der Stadt),

b) wenn der Grundbesitz ganz oder teilweise Grundlage von Einkünften ist, die der Abgabepflichtige zur Existenzerhaltung (vgl. unten III) benötigt,

c) wenn die Veräußerung nur unter unzumutbar schweren Opfern möglich wäre, d. h. höchstens zu einem Preise, der erheblich (z. B. etwa ein Viertel oder noch mehr) unter dem Einheitswert liegt.

Bei größerem Grundbesitz ist, bevor eine Stundung gewährt werden kann, zu prüfen, ob nicht eine Mittelbeschaffung gegen Verpfändung des Grundbesitzes zu allgemein tragbaren Bedingungen, d. h. zu üblichem Zinsfuß, möglich ist.

III. Notwendiger Lebensbedarf

Bei der Frage, welche Mittel dem Abgabepflichtigen zur Deckung des gesamten Lebensbedarfs zu belassen sind, werden in der Regel etwa folgende monatliche Durchschnittseinkunftsbeträge angenommen werden können:

a) 150 DM für den Haushaltsvorstand,

b) 30 DM für die Ehefrau,

c) 25 DM für jeden Angehörigen (§ 10 StAnpG.), dem tatsächlich voller Unterhalt gewährt wird.

Hat der Abgabepflichtige vor dem 1. Oktober 1949 das 65. Lebensjahr vollendet, so erhöht sich der Betrag zu a) auf 180 DM.

Hat die Ehefrau vor dem 1. Oktober 1949 das 65. Lebensjahr vollendet, so erhöht sich der Betrag zu b) auf 40 DM.

Vollendet der Abgabepflichtige oder seine Ehefrau das 65. Lebensjahr nach dem 30. September 1949, so gelten die oben genannten erhöhten Sätze vom Beginn des Erhebungsjahres (§ 17 SHG.) an, das auf die Vollendung des 65. Lebensjahrs folgt.

Unter **Einkunftsbeträgen** ist jeder Geldzufluß oder jeder sonstige geldwerte Vorteil (z. B. der Nutzungswert der eigenen Wohnung, Beköstigung usw.) zu verstehen, ohne Rücksicht darauf, ob die Zuflüsse nach dem Einkommensteuerrecht steuerpflichtig oder steuerfrei sind oder überhaupt nicht zu einer Einkunftsart gehören.

Soweit zur Erlangung der Einkunftsbeträge **Aufwendungen** erforderlich sind, können sie nach denselben Grundsätzen, nach denen Werbungskosten im Einkommensteuerrecht zu berücksichtigen sind (einschließlich Absetzung für Abnutzung), abgezogen werden. Dabei ist der Erhaltungsaufwand bei bebauten Grundstücken mit 15 v.H. der Rohmiete für Altbauten (bezugsfertig vor dem 1. 4. 1924) und mit 10 v. H. bei Neubauten (bezugsfertig nach dem 31. 3. 1924) zu berücksichtigen. Macht der Abgabepflichtige glaubhaft, daß ihm ein höherer Erhaltungsaufwand bis zum Ablauf des Erhebungsjahres entstehen wird, so kann dieser, gleichmäßig auf 12 Monate verteilt, bis zur Höchstgrenze von 25 v. H. der Rohmiete für Altbauten und von 20 v. H. für Neubauten berücksichtigt werden.

Für die Wohnung im eigenen Einfamilienhaus ist der Nutzungswert nach den Grundsätzen des Einkommensteuerrechts (vgl. VO. vom 26. Januar 1937 — RStBl. S. 161) anzusetzen.

Den Einkunftsbeträgen nicht zuzurechnen sind Renten, die Schwerbeschädigte (ab 50 v. H. Erwerbsunfähigkeit) erhalten, sowie angemessene Hilfeleistungen im Krankheitsfalle.

Bei der Beurteilung der wirtschaftlichen Lage des Abgabepflichtigen kann in der Regel ein bis dahin nicht geltend gemachter familienrechtlicher Anspruch auf Unterhaltsleistung oder die Tatsache, daß leistungsfähige Personen als voraussichtliche Erben des Abgabepflichtigen in Betracht kommen, unbeachtet bleiben.

IV. Stundungsmaßnahmen

a) Stundung der allgemeinen SHA. ist hiernach zu gewähren, sofern die beiden folgenden Voraussetzungen erfüllt sind:

   wenn die Beschaffung von Mitteln durch eine nach II zumutbare Veräußerung von Vermögensteilen oder auf dem Kreditwege nicht möglich ist,

   und

   wenn die Einkunftsbeträge unter der in III bezeichneten Grenze liegen oder durch die Entrichtung der allgemeinen SHA. unter diese Grenze sinken würden. Im letzteren Fall ist die Stundung so zu bemessen, daß die unter III bezeichneten Einkunftsbeträge verbleiben. Dabei ist die allgemeine SHA. im ersten Erhebungszeitraum mit je $^1/_6$, ab 1. April 1950 mit $^1/_{12}$ des Jahresbetrags für jeden Monat zu berücksichtigen.

b) Steht dem Abgabepflichtigen Grundbesitz von 20 000 DM oder darüber zur Verfügung, so kann Eintragung einer **Sicherungshypothek** verlangt werden, wenn zu vermuten ist, daß die Leistungsfähigkeit dauernd schlecht bleiben wird. Um wiederholte Grundbucheintragungen zu vermeiden, wird es sich in solchen Fällen im Interesse des Abgabepflichtigen empfehlen, mit seinem Einverständnis die Sicherungshypothek unter Mitberücksichtigung künftig fällig werdender Raten der SHA. auf eine runde Summe abzustellen.

   Von dem Verlangen der Hypothekenbestellung kann abgesehen werden, wenn die Hypothekenbestellung nach der Lage des Falles den Abgabepflichtigen unbillig schwer treffen würde, so z. B. wenn das Grundstück schon ohnedies stark (zu mehr als 75 v. H. des vermutlich erzielbaren Verkaufserlöses) belastet ist oder der Abgabepflichtige glaubhaft dartut, daß er zu dem in § 60 StDVO. aufgeführten Personenkreis (Existenzbedrohte infolge erheblicher Kriegs- oder Kriegsfolgeschäden usw.) gehört.

c) Die Stundung nach IV a und b kann **„bis auf weiteres“** ausgesprochen werden, d. h. ohne zeitliche Begrenzung. Es ist jedoch stets jederzeitiger Widerruf vorzubehalten. Außerdem ist in die Stundungsverfügung der Vorbehalt aufzunehmen, daß die gestundete Abgabe auch ohne ausdrückliche Aufhebung der Stundungsverfügung fällig wird, sobald eine Veräußerung von Vermögen (insbesondere von Grundbesitz) erfolgt, sowie im Falle des Todes des Abgabepflichtigen (im letzteren Falle drei Monate nach dem Todestag).

Grundsätzlich soll jede Abgaberate gesondert behandelt werden (vgl. auch § 59 Abs. 2 StDVO.). Das schließt für die Fälle, in denen vorauszusehen ist, daß die gleichen ungünstigen Verhältnisse auch an künftigen Fälligkeitstagen fortbestehen werden, eine gleichzeitige Stundung mehrerer Raten oder für einen längeren Zeitraum im voraus nicht aus.

d) Unabhängig von den obigen Anweisungen können **kurzfristige Stundungen** nach allgemeinen Grundsätzen gewährt werden.

V. Stundung bei Gewerbetreibenden und Landwirten

Für Gewerbetreibende und Landwirte gelten die Abschnitte II bis IV **nicht.** Bei ihnen kommt grundsätzlich Stundung wegen Zahlungsunfähigkeit nur auf kürzere Zeit (etwa 3 bis höchstens 6 Monate) und nur für die einzelnen jeweils fällig werdenden Raten in Frage.

Die Behauptung der Zahlungsunfähigkeit muß in diesen Fällen besonders begründet werden.

Eine Veräußerung von Waren oder Fertigerzeugnissen gilt in der Regel als zumutbar; eine Stundung der Abgabe kommt z. B. insoweit nicht in Betracht, als die Mittel zu ihrer Entrichtung durch Veräußerung leicht absetzbarer Waren oder Fertigerzeugnisse beschafft werden können (§ 59 Abs. 4 StDVO.). Sie sind als leicht absetzbar auch dann noch anzusehen, wenn die Gewinnspanne zur Beschleunigung des Absatzes gesenkt werden muß.

Als nicht ohne weiteres zumutbar wird eine Veräußerung von Waren erst dann angesehen werden können, wenn die vorzeitige Veräußerung nur mit erheblichem Verlust erfolgen kann; dabei werden die im Zeitpunkt der notwendigen Veräußerung maßgebenden allgemeinen Preisverhältnisse (Wiederbeschaffungskosten usw.) zu beachten sein.

Ein Entgegenkommen durch Stundung wird in allen den Fällen nicht angebracht sein, in denen der Abgabepflichtige **Entnahmen** in einer Höhe gemacht hat, die über dem Lebensstandard liegen, der unter Berücksichtigung der gegenwärtigen allgemeinen Notlage noch als angemessen bezeichnet werden kann.

Es kann sich in diesem Zusammenhang in geeigneten Fällen empfehlen, der Art des Verbrauchs, aber auch etwaigen angeblichen Betriebsausgaben, die in Wahrheit zusätzliche Lebensführungskosten darstellen, im Rahmen besonderer Liquiditätsprüfung nachzugehen.

Ich weise ferner auf Tz. **105** bis **110** meines Runderlasses vom 6. September **1949** — LA **8635** — **4/49** — hin.

VI. Besonderheiten bei erheblichen Kriegs- und Kriegsfolgeschäden

Mit besonderer Aufmerksamkeit sind die Abgabepflichtigen zu behandeln, die erhebliche **Kriegs- oder Kriegsfolgeschäden** nachweisen. Wenn der Abgabepflichtige in derartigen Fällen **in eine seine Existenz bedrohende Notlage** geraten ist, so ist nach § 60 StDVO. auf notwendige Maßnahmen zur Sicherung seiner Existenz Rücksicht zu nehmen. Wenn auch im allgemeinen — entsprechend dem Zwecke des Soforthilfegesetzes — über Anträge auf Stundung der SHA. nach strengem Maßstab zu entscheiden ist, so ist doch in den oben bezeichneten Fällen — je nach der wirtschaftlichen Lage des Abgabepflichtigen — **entgegenkommend** zu verfahren. Die Verhältnisse können es in derartigen Fällen rechtfertigen, daß die SHA. zum größten Teil oder in vollem Umfange bis auf weiteres gestundet wird.

Schäffer

23.

Der Bundesminister der Finanzen

LA 8635 — 10/49 **Bonn**, den 22. Dezember **1949**

An
die Herren Finanzminister und Finanzsenatoren
der Länder der amerikanischen und britischen Besatungszone

Betrifft: **2. SHA.-Sammelerlaß***)

Zur Ausführung der steuerlichen Bestimmungen des SHG. bemerke ich im Anschluß an den RdErl. vom **6.** September **1949** — LA **8635** — **4/49** **)—, den ich nunmehr als „1. SHA.-Sammelerlaß" bezeichne — soweit erforderlich vorbehaltlich anderer Entscheidung im Rechtsmittelverfahren — das folgende:

Zu § 3 SHG. (Sachliche Abgabepflicht)

Anzahlungen als nichtgewerbliches Vorratsvermögen

(**1**) Es ist fraglich geworden, wie **Zahlungen** zu behandeln sind, die **Nichtgewerbetreibende an Gewerbetreibende** vor dem Währungsstichtag mit der Vereinbarung geleistet haben, daß dafür **nach dem Währungsstichtag Waren geliefert** werden. Derartige „Verbindlichkeiten aus Anzahlungen" kann der Gewerbetreibende nach § **7** Abs. **2** Ziff. **2** Buchst. b SHG. abziehen, und zwar von seinem Vorratsvermögen (§ **27** Abs. **2** Ziff. **1** Buchst. b StDVO.). Beim Nichtgewerbetreibenden stellt die Forderung aus Anzahlung (§ **4** Abs. **3** Ziff. **2** SHG.), wie sich bei sinngemäßer Anwendung des § **3** Abs. **1** Ziff. **3** Satz **2** SHG. ergibt, nichtgewerbliches Vorratsvermögen dar.

Entsprechendes gilt für derartige Anzahlungen, die ein **Gewerbetreibender außerhalb seines Gewerbebetriebes** geleistet hat.

In den Fällen, in denen Verbindlichkeiten aus solchen Anzahlungen geltend gemacht werden, empfiehlt es sich, dem für den Anzahlenden zuständigen Finanzamt eine Kontrollmitteilung zu machen.

Wegen der **Bewertung von Anzahlungen auf überhöhte Preise** vgl. unten Tz. **13**.

Zu § 4 SHG. (Beschränkung der sachlichen Abgabepflicht)

Ladenbauten des Mieters

(**2**) Baut sich ein **Mieter** ein **Geschäftslokal** (Laden u.ä.) **auf eigene Kosten** aus, so bildet der investierte Aufwand bei der SHA. keinen beim Mieter zu erfassenden abgabepflichtigen Gegenstand des Betriebsvermögens (vgl. Tz. **9**).

---

*) Ministerialblatt des Bundesministeriums der Finanzen 1949/50 Nr. 2 S. 52.
**) Abt. I Abschn. A Nr. 18.

Zu § 5 SHG. (Befreiungen)

Zu § 5 Ziff. 1 SHG.: Befreiung von Berufsvertretungen

(3) **Industrie- und Handelskammern, Handwerkskammern, Landwirtschaftskammern, Rechtsanwaltskammern, Ärztekammern, Innungen, Kreishandwerkerschaften** und **ähnliche Organisationen** sind nicht mehr in allen Zonen, z. B. nicht in der amerikanischen Zone, Körperschaften des öffentlichen Rechts. Es bestehen jedoch keine Bedenken, diese Organisationen aus Gründen steuerlicher Gleichmäßigkeit auch in den Ländern, in denen sie nicht mehr Körperschaften des öffentlichen Rechts sind, trotzdem wie solche zu behandeln. Als öffentlicher Dienst ist die Erfüllung der Aufgaben anzusehen, die den bezeichneten Vertretungen üblicherweise obliegen.

Zu § 5 Ziff. 9 SHG.: Reichsheimstätten und Arbeiterwohnstätten

(4) Die **Reichsheimstätten** selbst sind **nicht** von der SHA. **befreit;** befreit sind nur die Ausgeber von Reichsheimstätten.

Auch die **Arbeiterwohnstätten** (§ 29 GrStG.) unterliegen der Abgabepflicht.

Zu § 5 Ziff. 11 SHG.: Befreiung natürlicher Personen

(5) Nach § 5 Ziff. 11 SHG. sind Personen, die nach dem SHG. Anspruch auf Unterhaltshilfe haben, und Personen, die von der öffentlichen Fürsorge unterstützt werden, nicht abgabepflichtig. Das gilt so lange, als die Unterstützungsbedürftigkeit vorliegt (vgl. dazu § 17 StDVO.).

Zu beachten ist, daß nach § 17 Abs. 1 Sätze 2 und 3 StDVO. die Befreiung auch dann Platz greift, wenn der Abgabepflichtige die an sich ihm zustehenden Unterstützungsmöglichkeiten nicht in Anspruch nimmt oder wenn die Voraussetzungen für die Befreiung erst durch die Entrichtung der SHA. eintreten würden. In beiden Fällen hat das **Finanzamt** auf Grund eigener Prüfung über das Vorliegen dieser Voraussetzungen zu **entscheiden.** Beachtlich ist insbesondere für den Anspruch auf Unterhaltshilfe, daß er trotz Vorhandenseins gewisser Vermögenswerte bestehen kann (vgl. dazu SoforthilfeDVO. zu § 35, insbesondere dortige Ziff. 7e).

Im Abschnitt II meines RdErl. vom 2. Dezember 1949 — LA 8601 — 25/49*) — habe ich Anordnungen darüber gegeben, in welchen Fällen eine Veräußerung von Vermögenswerten nicht als zumutbar anzusehen ist. Diese Regeln sind auch bei Handhabung des § 5 Ziff. 11 anzuwenden.

Eine nicht geringe Anzahl kleinster Grundeigentümer (Eigenheimbesitzer) dürfte bei Anwendung dieser Grundsätze als abgabefrei zu behandeln sein. Das wird namentlich auch dann der Fall sein, wenn es sich um alte, gebrechliche oder sonst erwerbsunfähige oder schwerbeschädigte Personen (z. B. Bezieher kleiner Renten) handelt.

---

*) Abt. 1 Abschn. A Nr. 22

Zu § 6 SHG. (Befreiung von Angehörigen der Vereinten Nationen)

Doppelstaater

(6) Nach anerkannten völkerrechtlichen Grundsätzen sind Personen, die neben der Staatsangehörigkeit des eigenen Landes eine fremde Staatsangehörigkeit besitzen, im eigenen Lande ohne Rücksicht auf die andere Staatsangehörigkeit wie eigene Staatsangehörige zu behandeln. Auf Personen, die **neben der deutschen Staatsangehörigkeit** auch die **Staatsangehörigkeit einer der Vereinten Nationen besitzen,** ist § 6 SHG. hiernach **nicht anzuwenden.**

Zu § 7 SHG. (Schuldenabzug)

Pensionsverpflichtungen (§ 19 StDVO.)

(7) **a)** Die nach § 19 Abs. 2 Ziff. 1 Buchst. a und Ziff. 2 Buchst. a StDVO. übernommene **Verpflichtung gegenüber einer Pensionskasse oder einer Unterstützungskasse,** für bestimmte, am Deckungskapital der Kasse fehlende Beträge zur Ermöglichung höherer Pensions- oder Unterstützungsleistungen einzutreten, berechtigt das Unternehmen, den sich aus der Verpflichtungserklärung ergebenden Betrag vom abgabepflichtigen Betriebsvermögen abzuziehen. Die Verpflichtung muß infolgedessen als **am Beginn des Währungsstichtags entstanden** angesehen werden. Sie bildet eine das Vermögen des Unternehmens mindernde Schuld. Bei der Pensionskasse oder der Unterstützungskasse entsteht ein entsprechender Anspruch, der ebenfalls auf den Beginn des Währungsstichtags zurückwirkt.

Daraus ist zu folgern, daß auch in der **D-Markeröffnungsbilanz** des Unternehmens ein entsprechender Passivposten einzusetzen ist. Es handelt sich hierbei nicht um eine Pensionsverpflichtung im Sinne des § 29 DMBG., sondern um eine **sonstige Verbindlichkeit,** die mit ihrem vollen Wert als Schuldposten auszuweisen ist; für die Pensionsverpflichtungen weitgehend zugelassene bloße Passivierungs**befugnis** kommt für diesen Schuldposten **nicht in Betracht.**

Die Verpflichtung gegenüber der Pensions- oder Unterstützungskasse wirkt sich mithin anders aus als eine **unmittelbare Verpflichtung des Unternehmens zur Leistung von Ruhegehältern oder von laufenden Unterstützungen.** Denn bei letzterer kommt ein Abzug zwar stets in voller Höhe bei der SHA. in Betracht, nicht aber eine Passivierungs**pflicht** — unbeschadet der besonderen Vorschrift des § 29 Abs. 3 DMBG.— in der D-Markeröffnungsbilanz, soweit „bei vorsichtiger Beurteilung der künftigen Entwicklung des Unternehmens anzunehmen ist, daß die Pensionsverpflichtungen aus den Jahreserträgen erfüllt werden können".

Der Anspruch der Pensionskasse oder der Unterstützungskasse gegen das Unternehmen aus dessen Verpflichtungserklärung erhöht das Vermögen der Pensionskasse oder der Unterstützungskasse. Daraus folgt, daß Zuwendungen des Unternehmens an die Pensionskasse oder Unterstützungskasse nach Beginn des Währungsstichtags zur Auffüllung des Kassenvermögens insoweit nicht mehr als Gewinnminderung geltend gemacht werden können.

b) Diese Auswirkungen sind von einer Anzahl von Unternehmen nicht erkannt worden. Es ist infolgedessen angeregt worden, einen ganzen oder teilweisen, von der Kasse angenommenen **Widerruf ihrer Verpflichtungserklärung** steuerlich zu beachten und die bisher seit der Währungsreform erfolgten und die zukünftigen Leistungen an die in Betracht kommenden Ruhegehaltsempfänger oder Empfänger laufender Unterstützungen nicht als Leistungen der Kasse, sondern als **unmittelbare Leistungen** des Unternehmens anzusehen. Die Unternehmen wären dann für die SHA. in den Grenzen des § 19 Abs. 1 StDVO. berechtigt, den nach den Grundsätzen des Reichsbewertungsgesetzes kapitalisierten Wert ihrer Verpflichtungen nach dem Stand am Beginn des Währungsstichtags vom abgabepflichtigen Betriebsvermögen abzuziehen, andererseits wären sie berechtigt, in der D-Markeröffnungsbilanz diese Verpflichtungen nur in den sehr viel engeren Grenzen des § 29 DMBG. als Passivposten auszuweisen.

c) In Anbetracht der bisher noch im Fluß gewesenen Rechtsentwicklung trage ich keine Bedenken, den abgabepflichtigen Unternehmen eine **Richtigstellung** im Sinne von b zu gestatten. Voraussetzung ist jedoch, daß die Klarstellung unverzüglich, d. h. spätestens bis zur Fälligkeit der nächsten Rate der allgemeinen SHA. **(20. Februar 1950)** erfolgt und in **Zukunft unverändert** danach verfahren wird.

d) Eine **Pensionsverpflichtung im Sinne des § 7 Abs. 2 Ziff. 2 Buchst. a SHG., § 19 Abs. 1 StDVO.** kommt, soweit nicht eine ausdrückliche rechtliche Verpflichtung gegenüber den Leistungsempfängern übernommen worden ist, nur in Betracht, wenn nach den Umständen des Falles angenommen werden kann, daß die Leistungen, die nach den Verhältnissen am Währungsstichtag tatsächlich gewährt werden, auf die Dauer gewährt werden, und daß das Unternehmen sich der Leistung in gleicher Höhe nicht entziehen wird und nicht entziehen kann (vgl. Urteil des Reichsfinanzhofs vom 10. Februar 1938 — RStBl. 1938 S. 531). Es wird dabei zu beachten sein, daß aus der früheren Gebarung nicht ohne weiteres Rückschlüsse auch auf die zukünftige Entwicklung der Dinge gezogen werden können. Es wird vielmehr eine **besondere Würdigung der durch die Währungsreform entstandenen neuen Wirtschaftslage** geboten sein.

e) In Fällen, in denen das Unternehmen sich in kürzeren Zeitabständen durch Bescheinigungen der Leistungsempfänger immer von neuem **bestätigen** läßt, daß die Empfänger keinen Rechtsanspruch auf die Leistung haben, die Leistungen vielmehr völlig **freiwillig** und zu jeder Zeit **widerruflich** erfolgen, wird eine vom Betriebsvermögen absetzbare Pensionsverpflichtung **nicht** angenommen werden können. In diesen Fällen kann nicht davon gesprochen werden, daß das Unternehmen sich den Leistungen nicht entziehen kann, und entsteht auch durch langjährige Übung kein arbeitsgerichtlich einklagbarer Anspruch auf Leistung. Sollten Rechtsmittelbehörden der Länder (Finanzgerichte) eine andere Auffassung vertreten, so bitte ich, gegen das Urteil **Rechtsbeschwerde** einzulegen und mir zugleich die angefochtene Entscheidung mitzuteilen.

Zu §§ 8—10 SHG. (Bewertung des Grundbesitzes)

Grundbesitz, der für Besatzungszwecke und ähnliches benutzt wird

(**8**) Der Umstand, daß Grundbesitz (insbesondere Einfamilienhäuser und Mietwohngrundstücke) für Besatzungszwecke, DP.-Unterbringung usw. **beschlagnahmt** ist, rechtfertigt grundsätzlich noch kein Entgegenkommen bezüglich der SHA.

Wird nachgewiesen, daß durch **Sachschaden** eine Wertminderung des beschlagnahmten Grundbesitzes eingetreten ist, die bei Anwendung der für kriegsbeschädigten Grundbesitz vorgesehenen Vorschriften (§ 9 Ziff. 1 SHG.). eine Minderung des Einheitswerts rechtfertigen würde, so kann dieser geminderte Wert der SHA.-Berechnung zugrunde gelegt werden.

Sind die vorstehend bezeichneten besonderen Schäden infolge der Beschlagnahme erst **nach dem Währungsstichtag** eingetreten, so kann durch entsprechende Stundung geholfen werden. Die Stundung ist mit Rückwirkung aufzuheben, sobald der Abgabepflichtige eine Entschädigung aus Besatzungskostenmitteln erhält.

Wegen Stundung bei verspäteter Zahlung der Nutzungsvergütung vgl. Tz. 24.

Übernahme der Baukosten durch den Mieter

(**9**) Keinen Einfluß auf die Bewertung des Grundbesitzes hat es, wenn die **Baukosten,** z. B. die Kosten des Wiederaufbaus, nicht vom Hausbesitzer, sondern von einer anderen Person, insbesondere einem **Mieter,** ganz oder teilweise (z. B. durch einen Bauzuschuß) getragen worden sind. Das errichtete (wiederhergestellte) Gebäude ist Bestandteil des Grundstücks und ist mit diesem bei dem **Grundstückseigentümer** zu erfassen. Verbindlichkeiten, die dieser übernommen hat (z. B. Verpflichtung zur Ermäßigung oder Streichung der Miete auf bestimmte Zeit), sind bei der SHA. ebensowenig zu berücksichtigen wie andere Verbindlichkeiten — § 7 SHG. — (vgl. Tz. 2).

Grundstücke, deren Erhaltung im öffentlichen Interesse liegt

(**10**) Die Bestimmungen des § 74 RBewDV. sind bei der SHA. auf Grundstücke sinngemäß anzuwenden. Unter der Voraussetzung, daß die jährlichen Kosten in der Regel die erzielten Einnahmen und die sonstigen Vorteile übersteigen, sind demnach anzusetzen:

1. mit 40 v. H. des an sich maßgebenden Werts — vorbehaltlich der Ziff. 2 —:

   Grundstücke, deren Erhaltung wegen ihrer Bedeutung für Kunst, Geschichte oder Wissenschaft im öffentlichen Interesse liegt;

2. mit 20 v. H. des an sich maßgebenden Werts:
   a) Grundstücke, deren Erhaltung wegen ihrer Bedeutung für Kunst, Geschichte oder Wissenschaft im öffentlichen Interesse liegt, wenn sie in einem den Verhältnissen entsprechenden Umfang den Zwecken der Forschung oder der Volksbildung nutzbar gemacht werden,
   b) Grundstücke, die für Zwecke der Volkswohlfahrt der Allgemeinheit zur Benutzung zugänglich gemacht sind und deren Erhaltung im öffentlichen Interesse liegt.

Zu § 11 SHG. (Bewertung des Betriebsvermögens) Musterkollektionen als Anlagegüter

(**11**) Musterkollektionen von Industrie- und Handelsunternehmen können in der Regel als Gegenstand des Anlagevermögens angesehen werden. Das bezieht sich nicht auf bloße Ausstellungsmuster, die nach Erfüllung dieses vorläufigen Sonderzweckes wie andere Waren veräußert zu werden pflegen.

Bewertung von Tabakerzeugnissen; Berücksichtigung der Tabaksteuer (Banderolen)

(**12**) Die **Tabaksteuerschuld entsteht** nach § 4 des Tabaksteuergesetzes vom 4. April 1939 „dadurch, daß Tabakerzeugnisse aus dem **Herstellungsbetrieb** entfernt oder zum Verbrauch in dem Betrieb entnommen werden, und zwar im Zeitpunkt der Entfernung oder der Entnahme der Tabakerzeugnisse". Als Herstellungsbetrieb gilt die Gesamtheit der baulich zusammenhängenden Räume einer örtlich gebundenen Betriebsstätte, in der Tabakerzeugnisse hergestellt werden; vgl. dazu § 11 der Tabaksteuerdurchführungsbestimmungen.

Entsprechendes gilt für **Steuerläger.** Die Einrichtung der Steuerläger beruht gegenwärtig noch auf landesrechtlichen Verordnungen.

Die Tabaksteuer wird durch Verwendung von Steuerzeichen vor der Entfernung bzw. Entnahme „entrichtet" (§ 9 Tabaksteuergesetz). Die Steuerzeichen werden dem Steuerschuldner von der Zollbehörde geliefert. Für die Bezahlung der Steuerzeichen gelten nach einem Koordinierungsbeschluß des Gemeinsamen Deutschen Finanzrats vom 24. März 1947 Zahlungsfristen von 1 bis 1½ Monaten.

I. Herstellungsbetriebe und Betriebe mit Steuerlägern

1. War am Beginn des Währungsstichtags die Ware aus dem Herstellungsbetrieb oder aus dem Steuerlager **bereits entfernt,** so ist die Tabaksteuer in Reichsmark entstanden. Solche Tabakwaren mit Reichsmark-Tabaksteuerzeichen durften noch bis zum 31. Dezember 1948 abgesetzt werden. Der durch Verwendung von Steuerzeichen entrichtete Steuerbetrag gehört in diesen Fällen zu den Herstellungskosten (beim Steuerlager des Groß- und Einzelhändlers zu den Anschaffungskosten) der Tabakerzeugnisse.

Bei der SHA. sind diese Waren daher unter Einbeziehung des vollen Steuerbetrags in D-Mark auszuweisen. Die Tatsache, daß die Tabaksteuer mit Wirkung ab 8. November 1948 herabgesetzt worden ist, ist für die Bewertung des Warenbestandes bei der SHA. unerheblich (vgl. § 28 Abs. 1 Ziff. 2 StDVO.). Ob am Währungsstichtag die verwendeten Steuerzeichen bereits bezahlt waren oder nicht, ist für die SHA. ohne Bedeutung.

a) Hat das Unternehmen (Hersteller oder Inhaber von Steuerlägern), das die Steuerschuld in Reichsmark **entrichtet** hat, die mit Steuerzeichen versehene Ware nach dem Währungsstichtag für D-Mark im gleichen Nennbetrag veräußert, so hat das Unternehmen einen Währungsverlust vermieden. Der Fall liegt ebenso wie bei anderen Gewerbetreibenden, die in Reichsmark gekaufte und bezahlte Ware nach dem Währungsstichtag in D-Mark veräußert haben.

b) Hat das Unternehmen die verwendeten Steuerzeichen bis zum Währungsstichtag **noch nicht bezahlt,** so schuldet der Hersteller (Inhaber von Steuerlägern) die Steuerzahlung (Steuerzeichenschuld) in Reichsmark. Diese Verbindlichkeit unterliegt der Umstellung 10:1. Hier liegt beim Hersteller (Lagerinhaber) ein echter Währungsgewinn vor. Dieser Fall liegt ebenso wie bei anderen Gewerbetreibenden, die den Kaufpreis für in Reichsmark gekaufte und in D-Mark veräußerte Ware erst nach dem Währungsstichtag im Verhältnis 1:10 entrichtet haben.

2. Für die Tabakwaren, die zu Beginn des Währungsstichtags **noch nicht** aus dem Herstellungsbetrieb (Steuerlager) **entfernt** worden waren, war eine Tabaksteuerschuld am Währungsstichtag noch nicht entstanden.

Ob solche Tabakwaren bereits mit Steuerzeichen versehen waren oder nicht, ist ohne Bedeutung. In jedem Fall ist sichergestellt worden, daß die Steuerschuld für diese Tabakwaren in voller Höhe in D-Mark bezahlt worden ist, sobald die Ware nach dem Währungsstichtag den Herstellungsbetrieb verlassen hat.

Die nicht verwendeten Reichsmark-Steuerzeichen mußten der Zollstelle zurückgegeben werden.

Den vor Beginn des Währungsstichtags erworbenen Reichsmark-Steuerzeichen ist danach ein Wert bei der SHA. nicht beizumessen.

Für Reichsmark-Steuerzeichen, die nicht mehr zur Verwendung gelangt sind, aber bereits der Zollbehörde bezahlt waren, entstand am Währungsstichtag eine Forderung auf Rückerstattung des gezahlten Reichsmark-Betrages (im Umstellungsverhältnis 10:1 bzw. bei Banderolenüberbestand 100:6,5). Solche Forderungen unterliegen als Geldforderungen in deutscher Währung bei der SHA. gemäß § 4 Abs. 2 Ziff. 2 SHG. nicht der Abgabepflicht.

3. In einzelnen Fällen kann es vorgekommen sein, daß **D-Mark-Banderolen** bereits einige Tage **vor dem Währungsstichtag ausgegeben** worden sind. Diese waren aber unter allen Umständen nach dem Währungsstichtag in D-Mark der Zollbehörde zu bezahlen. Sie sind bei der SHA. nicht anzusetzen.

II. Großhändler und Einzelhändler ohne Steuerläger

Der Bestand an Tabakerzeugnissen am Währungsstichtag ist für die SHA. mit den **Anschaffungskosten** anzusetzen. Dazu gehört auch die im Kaufpreis enthaltene **Tabaksteuer.** Dies gilt ohne Rücksicht darauf, ob der Händler den Kaufpreis vor oder nach der Währungsreform entrichtet hat.

Anzahlungen auf überhöhte Preise

(**13**) Sind vor der Währungsreform Lieferungen oder Leistungen **zu überhöhten Preisen (Schwarzmarktpreisen)** vereinbart und darauf **Anzahlungen geleistet** worden so sind auf diese Anzahlungen die Grundsätze des § 28 Abs. 1 Ziff. 1 StDVO. sinngemäß anzuwenden. Daraus ergibt sich, daß sowohl die Forderung als auch die Verbindlichkeit aus derartigen Anzahlungen nur mit dem Bruchteil anzusetzen ist, der sich aus dem Verhältnis des gesetzlich zulässigen Preises zu dem vereinbarten (überhöhten) Preis ergibt.

Bewertung des Vorratsvermögens bei fallenden Verkaufspreisen

(**14**) Nach § 28 Abs. 1 Ziff. 2 StDVO. sind Wirtschaftsgüter, deren Verkaufspreise in Deutscher Mark nach dem 21. Juni **1948 unter** den Anschaffungskosten oder den Herstellungskosten in Reichsmark liegen, mit den am 31. August 1948 erzielbar gewesenen Verkaufserlösen abzüglich einer handelsüblichen Gewinnspanne anzusetzen.

Das gilt uneingeschränkt für solche Wirtschaftsgüter, die tatsächlich **bis zum 31. August 1948** veräußert worden sind.

Bei Wirtschaftsgütern, die tatsächlich erst nach dem **31. August 1948** zu weiter fallenden Preisen abgesetzt worden sind, bin ich ausnahmsweise damit einverstanden, daß sie nach dem später erzielten niedrigeren Erlöse angesetzt werden. Mindestens ist aber der nach dem **Stand vom 31. August 1949** erzielbare Erlös abzüglich der für diesen Stichtag üblichen Gewinnspanne anzusetzen. Dabei wird unterstellt, daß die Waren — unter Berücksichtigung der am 31. August 1948 für sie gegebenen beschränkten Verkaufsmöglichkeiten — tatsächlich nur zu den letzterwähnten niedrigeren Erlösen veräußert werden konnten. Soweit dies nicht zutrifft, verbleibt es bei dem Grundsatz des § 28 Abs. 1 Ziff. 2 StDVO.

Solche geringere Bewertung kann z. B. bei Schmuckwaren geboten sein.

Zu § 18 SHG. (Soforthilfesonderabgabe)

Schwarzhändler

(**15**) Schwarzhändler haben weder einen Normalbestand an Vorratsvermögen noch blockierte Bestände im Sinne des § 30 StDVO. Ihr **gesamtes Vorratsvermögen** ist **mit 15 v. H.** zur SHS. heranzuziehen. Der nachhaltig Schwarzgeschäfte Treibende ist trotz der gesetzlichen Unzulässigkeit der Geschäfte als Gewerbetreibender anzusehen. Da er keinen versteuerten Umsatz aufzuweisen hat, kommt ein Normalbestand nicht in

Betracht (vgl. § 31 Abs. 1 StDVO.); es wäre auch aus grundsätzlichen Erwägungen nicht tragbar, das Schwarzhandelsgeschäft durch die Zubilligung eines Normalbestands zu begünstigen. Schwarz erworbene Bestände sind der Bewirtschaftung und Lenkung entzogen; sie können mithin auch nicht nach den für die bewirtschafteten und gelenkten Waren gegebenen Vorschriften des SHG. behandelt werden.

Zum Begriff der Blockierung (§ 30 StDVO.)

(**16**) Als durch behördliche Maßnahmen blockiert ist derjenige Teil des Vorratsvermögens anzusehen, der **über die allgemeinen deutschen Bewirtschaftungsvorschriften hinaus** durch unmittelbare und ausdrückliche Entscheidung der Militärregierung, deutscher Behörden, der Joint Export-Import Agency (JEIA.) oder anderer Lenkungsstellen der freien Verfügung des Abgabepflichtigen am Währungsstichtag unverschuldet entzogen gewesen ist (§ 30 Abs. 1 StDVO.).

Waren (einschl. Lebensmittel) sind hiernach **nicht schon deshalb als blockiert** anzusehen, weil sie **über die JEIA. eingeführt** sind: dies gilt auch dann, wenn am Währungsstichtag der Abnehmer noch nicht bezeichnet war und der Einführer nicht durch Veräußerung an beliebige Abnehmer frei verfügen konnte. Lebensmitteleinfuhrhändler sind daher für die SHA. nicht anders als die anderen Lebensmittelhändler zu behandeln.

In der amerikanischen und britischen Zone hielten sich die Anordnungen der Militärregierungen in wesentlich engeren Grenzen als in der französischen Zone. Im Bereich des ehemaligen Vereinigten Wirtschaftsgebietes kommt die Annahme einer Blockierung von Waren daher nur in wesentlich geringerem Umfang in Betracht als in der französischen Zone. Eine über die **allgemeinen** Bewirtschaftungsvorschriften hinausgehende Beschlagnahme kommt in der Regel hier nur dann in Frage, wenn eine Beschlagnahme für einen ganz besonderen Zweck erfolgt ist (vgl. auch Tz. 85 des 1. SHA.-Sammelerlasses).

Wein, Schaumwein und **Trinkbranntwein** mit Ausnahme von Obstbranntwein sind am Währungsstichtag grundsätzlich auch in der amerikanischen und britischen Zone als beschlagnahmt anzusehen.

Zum Begriff der mehrstufigen Textilbetriebe (§ 31 Abs. 3 StDVO.)

(**17**) Nach § 31 Abs. 3 StDVO. ist bei mehrstufigen Betrieben der Textilindustrie zur Berechnung des Normalbestandes ein um $^3/_8$ erhöhter Gesamtumsatz zugrunde zu legen. Der Begriff der mehrstufigen Betriebe der Textilindustrie ist in § 31 Abs. 3 StDVO. nicht näher erläutert. Nach der Entstehungsgeschichte der Vorschrift kann es nicht zweifelhaft sein, daß dabei nur an den Kreis von Unternehmen gedacht war, bei dem die Erhebung einer **Zusatzsteuer gemäß § 8 UStG.** in Verbindung mit §§ 54 und 55 UStDB. nach den Verhältnissen des Betriebs am Währungsstichtag in Betracht kam.

Diese Auslegung kann sich unbillig hart auswirken bei den nach § 54 Abs. 2 UStDB. zusatzsteuerfrei bleibenden Arbeitsvorgängen (Weben von

Teppichen, Möbelstoffen, wollenen Schlafdecken usw.) und bei Betrieben, die der Spinnweberei ähneln, insbesondere bei Strickereien und Wirkereien, die eigene Garne verwenden. Ich trage deshalb keine Bedenken dagegen, daß bei Betrieben dieser Art billigkeitshalber nach § 31 Abs. 3 StDVO. verfahren wird.

Dagegen ist § 31 Abs. 3 StDVO. nicht anwendbar auf Vorgänge bei der Textilveredelung, die durch die §§ 56 und 57 UStDB. umsatzsteuerlich begünstigt sind.

Saisonbetriebe (§ 34 StDVO.)

(18) § 34 ist **entweder** auf den **Gesamtbetrieb oder** überhaupt **nicht** anzuwenden. Nicht zulässig ist es, aus dem Betrieb einen Teil des Vorratsvermögens, dessen Umsatz saisonbedingt ist, auszusondern und für diesen Teil den Umsatz eines Jahres, für den übrigen Teil den Achtmonatsumsatz zur Normalbestandsberechnung zugrunde zu legen.

Ich habe keine Bedenken, daß ein Betrieb schon dann als Saisonbetrieb oder sonst zeitlich gebundener Betrieb angesehen wird, wenn das Vorratsvermögen am Währungsstichtag **überwiegend,** d. h. zu mehr als 50 v.H. seines Gesamtwerts, aus Wirtschaftsgütern besteht, deren Absatz saisonmäßig oder sonst zeitlich gebunden ist.

Besondere Umsatzverhältnisse (§ 35 StDVO.)

(19) § 35 geht von dem Grundgedanken aus, daß das vom Gesetzgeber in § 18 Abs. 1 Satz 3 SHG. zugrunde gelegte Verhältnis zwischen betriebsnotwendigem Vorratsvermögen (Normalbestand) und Umsatz in der Zeit vom 1. April bis 30. November 1948 aus besonderen vom Abgabepflichtigen nicht zu verantwortenden Gründen in einzelnen Fällen **wirtschaftlich offenbar unrichtig** ist, weil der nach der Betriebslage an sich erzielbar gewesene Umsatz aus den bezeichneten besonderen Gründen im Umsatzzeitraum tatsächlich nicht erzielt worden ist und nicht erzielt werden konnte und nur **deshalb** der sich nach der gesetzlichen Relation ergebende Normalbestand an Vorratsvermögen zu niedrig ausfallen muß. Der Normalbestand darf in diesen Fällen in der Höhe angenommen werden, die sich ergeben würde, wenn die bezeichneten besonderen Umstände nicht eingetreten wären.

Umsatzerhöhungen, die nach Ablauf der Umsatzperiode infolge jahreszeitlicher oder konjunktureller Verhältnisse oder infolge von Steuersenkungen (Tabak- und Branntweinsteuer) eingetreten sind, können nicht als Beweis dafür gelten, daß der tatsächlich in der Umsatzperiode erzielte Umsatz als Maßstab für die Berechnung des Normalbestands am Währungsstichtag offenbar wirtschaftlich unrichtig wäre.

Keine Anwendung des § 37 StDVO. auf Teile des Vorratsvermögens

(20) § 37 StDVO. ist ebenso wie § 34 StDVO. **entweder voll oder überhaupt nicht** auf einen Betrieb anwendbar. Es ist deshalb nicht angängig, auf einzelne Gruppen von Waren zwecks Errechnung eines be-

sonderen größeren Teilnormalbestands von bestimmten Gruppen von Waren § 37 StDVO. anzuwenden, dagegen auf den restlichen Warenbestand, bei dem die Voraussetzungen des § 37 nicht vorliegen, die Regelvorschrift.

§ 37 setzt voraus, daß das Vorratsvermögen am Währungsstichtag **überwiegend,** d. h. zu mehr als 50 v. H. seines Gesamtwerts aus Wirtschaftsgütern besteht, deren Herstellung, Verarbeitung oder artbedingte Lagerung im Betrieb nachweislich mehr als 3 Monate erfordert.

Berücksichtigung der Umschlagszeit (§ 37 StDVO.)

(**21**) § 37 ist **nicht** schon dann anwendbar, wenn die Umschlagszeit der Erzeugnisse oder Waren eines Betriebes überwiegend mehr als 8 Monate beträgt. Unter „artbedingter Lagerung" ist vielmehr entsprechend dem Willen des Verordnungsgebers ausschließlich eine **durch die Art der Wirtschaftsgüter bedingte Lagerung bis zur Verkaufsreife** zu verstehen.

Diese Auslegung des § 37 kann für gewisse Gewerbezweige, bei denen die Umschlagshäufigkeit tatsächlich wesentlich mehr als 8 Monate erfordert, zu Härten führen. Diese müssen dem Willen des Verordnungsgebers entsprechend grundsätzlich in Kauf genommen werden. In Fällen außergewöhnlicher Härte kann durch entsprechende Teilstundung der SHA. geholfen werden. Das kann insbesondere beim Antiquitäten- und Kunsthandel, beim fachwissenschaftlichen Buchhandel, beim Absatz von Schmuckwaren und bei Schiffsausrüstern vorkommen.

Liste der begünstigten Lebensmittel (§ 38 StDVO.)

(**22**) § 38 StDVO. wird von Verbänden der Wirtschaft und einzelnen Abgabepflichtigen oft unrichtig ausgelegt. Es wird insbesondere angenommen, daß die allgemeinen Voraussetzungen, die § 38 StDVO. in Verbindung mit § 18 Abs. 1 Satz 5 SHG. festlegt (am 31. August 1948 bewirtschaftete Lebensmittel; vorgeschriebene Vorratshaltung nach Maßgabe des § 38 Abs. 2 StDVO.), genügen, um den Abgabesatz von 2 v. H. zu rechtfertigen. Dabei wird jedoch übersehen, daß zusätzliche Voraussetzung für diesen Abgabesatz die **Aufführung** der Lebensmittel in der dem § 38 StDVO. beigefügten **Anlage** ist.

Die Liste dieser begünstigten Lebensmittel ist Gegenstand eingehender Erörterungen der gesetzgebenden Körperschaften gewesen. Nur die ausdrücklich in dieser Liste aufgeführten Lebensmittel sind begünstigt. Nicht begünstigt und deshalb bis zur Höhe des Normalbestands (gg. zusätzlich blockierter Bestände) mit 4 v. H. zu versteuern sind daher z. B. Trockenfrüchte, Süßmost, Fruchtsäfte, Wein, Bohnenkaffee, gesalzene Heringe.

Auch Kornbranntwein gehört zu den nichtbegünstigten Lebensmitteln (er fällt nicht unter den Begriff Erzeugnisse aus Roggen usw. im Sinne der Anlage 2 zur StDVO.).

Die Worte in § 38 Abs. 2 Ziff. 5 „aus einer behördlichen Zuteilung herrühren" sind sinngemäß dahin auszulegen, daß sie auch solche Lebensmittel umfassen, die der Abgabepflichtige **selbst gewonnen** hat und die von der Herstellung an der Bewirtschaftung unterliegen. Deshalb brauchen z. B. Molkereien, die Butter und Käse im eigenen Betrieb gewinnen, den am Währungsstichtag vorhandenen Bestand an diesen Erzeugnissen bis zur Höhe des Normalbestands nur mit 2 v. H. zu versteuern.

Zu § 20 SHG. (Abgabebescheid; Rechtsmittel)

Rechtsmittelverfahren bei Stundungen

(**23**) Es ist zwischen **vorgeschriebenen Stundungen** (§§ 33 und 61 StDVO.) und **Ermessensstundungen** zu unterscheiden (vgl. Tz. 100 des 1. SHA.-Sammelerlasses).

Die **vorgeschriebenen Stundungen** bilden sachlich eine Korrektur der Abgabenberechnung (vgl. Tz. 101 des 1. SHA.-Sammelerlasses). Die Zulassung des **ordentlichen Rechtsmittelverfahrens** (Berufungsverfahrens) dürfte hiernach geboten sein.

Bei **Ermessensstundungen** ist das **Beschwerdeverfahren** (§§ 237, 303 und 304 AO.) gegeben.

Zu §§ 21 und 22 SHG. (Stundung)

Stundung bei Grundbesitz, der für Besatzungszwecke und ähnliches benutzt wird

(**24**) Es kommt vor, daß sich die Auszahlung der Vergütung bei Inanspruchnahme von Grundbesitz für Besatzungszwecke, DP.-Unterbringung usw. verzögert. Ich habe keine Bedenken dagegen, wenn in derartigen Fällen die auf den in Anspruch genommenen Grundbesitz entfallende allgemeine SHA. gestundet wird, soweit und solange die Vergütung für den Zeitraum, für den die jeweilige SHA.-Rate zu entrichten ist, noch nicht gezahlt ist.

Wiedergutmachungsansprüche politisch Verfolgter

(**25**) **Politisch Verfolgte** (§ 31 Ziff. 4 SHG.) genießen im Rahmen der SHA. keine Vorzüge; Anträge auf Erhöhung der Sonderbesteuerungsgrenze und auf erhöhte Freibeträge sind von den gesetzgebenden Körperschaften des Vereinigten Wirtschaftsgebiets seinerzeit abgelehnt worden. Bei der Frage der Stundung der Abgabe ist gemäß § 60 StDVO. auf die frühere politische Verfolgung Rücksicht zu nehmen.

Eine **Verrechnung** von Ansprüchen der politisch Verfolgten auf Wiedergutmachung mit der Soforthilfeabgabe kommt grundsätzlich nicht in Betracht. Ich bin jedoch damit einverstanden, daß in den Fällen, in denen bereits Ansprüche von den Widergutmachungsbehörden **rechtskräftig anerkannt** worden sind und eine Bescheinigung darüber vorgelegt wird, die SHA. gegen Sicherheitsleistung in entsprechender Höhe gestundet wird. In den Fällen, in denen Ansprüche noch nicht rechtskräftig anerkannt sind, kann auf Antrag ebenso verfahren werden, wenn eine **Bescheinigung** der Wiedergutmachungsbehörde vorgelegt wird, daß **mit**

der Anerkennung von Widergutmachungsansprüchen in der entsprechenden Höhe **zu rechnen** ist. Die Sicherheitsleistung kann in der Form geschehen, daß der Wiedergutmachungsberechtigte den der fälligen SHA. entsprechenden Teil seines Wiedergutmachungsanspruchs an das Finanzamt verpfändet oder sicherheitshalber abtritt oder in anderer Form (z. B. durch eine nur mit Zustimmung des Finanzamts widerrufliche Auszahlungsanweisung) die Abführung der Wiedergutmachungsleistungen an die Finanzkasse sicherstellt.

Zu § 24 SHG. (Anrechnung von Zinsen und Tilgungsbeträgen auf die SHA.)

Auswirkungen des Verzichts auf Umstellungsgrundschulden

(**26**) Nach § 3a des Hypothekensicherungsgesetzes wird auf Umstellungsgrundschulden teilweise **verzichtet.** Dieser Verzicht hat — im Gegensatz zu einem Verzicht nach § 3b — **rückwirkende Kraft** ab 1. Juli 1948. Damit fällt auch der Anspruch auf Zinsen und Tilgungsbeträge für die rückliegende Zeit weg. Meist werden solche Zinsen aus Billigkeitsgründen erlassen und wird die Einziehung der Tilgungsbeträge ausgesetzt worden sein. Erlassene Zinsen und ausgesetzte Tilgungsbeträge können nach § **63** Abs. **3** Ziff. **2** StDVO. bei kriegsbeschädigtem Grundbesitz von der SHA. abgesetzt werden. Fallen diese Beträge nachträglich durch Verzicht weg, so entfällt an sich die Möglichkeit der Absetzung von der SHA. Die Abgabeberechnung müßte daher nachträglich geändert werden. Der Abgabepflichtige müßte die erlassenen und ausgesetzten Beträge als SHA. nachzahlen.

Es ist beabsichtigt, eine Durchführungsverordnung vorzuschlagen, die diese nachträgliche Änderung der Abgabeberechnung für das erste Erhebungsjahr ausschließt. Ich bitte, schon jetzt für das erste Erhebungsjahr so zu verfahren, daß ein Verzicht auf die Umstellungsgrundschuld **keinen Einfluß** auf die **Anrechnung erlassener Zinsen oder ausgesetzter Tilgungsbeträge** auf die SHA. hat. Es bleibt also trotz der Rückwirkung des Verzichts für das erste Erhebungsjahr der SHA. beim bisherigen Verfahren.

Sollten ausnahmsweise auf den Teil der Umstellungsgrundschulden, auf den verzichtet wird, Beträge **gezahlt** worden sein, so wird die grundschuldverwaltende Stelle diese Beträge nach dem Verzicht erstatten. Sie sind auf die SHA. **nicht mehr anzurechnen.** Sind sie auf Grund der Zahlung auf die SHA. angerechnet worden, so ist nach dem Verzicht die Abgabeberechnung zu ändern. Das SHA.-Soll erhöht sich um den zurückzuerstattenden, bisher angerechneten Betrag.

Keine Umstellungsgrundschulden im Falle des § 15 des Umstellungsgesetzes

(**27**) § 15 des Umstellungsgesetzes regelt die **Verbindlichkeiten gegenüber Angehörigen der Vereinten Nationen,** also die Fälle, in denen diese **Gläubiger** der Forderung sind. Die gesetzliche Umstellung 10:1 gilt danach dann nicht, wenn der Gläubiger die Annahme einer nach diesen Vorschriften angebotenen oder bewirkten Leistung verweigert oder bis zum 20. Oktober 1948 der gesetzlichen Umstellung des Schuldverhältnisses widersprochen hat. Wegen der Zweifelhaftigkeit der Lage in den einzelnen Fällen bestimmt § 2 Ziff. 4 der 40. Durchführungsverordnung zum Umstellungsgesetz, daß „Hypotheken, Grundschulden und Rentenschulden, die bei Ablauf des 20. Juni 1948 Angehörigen der Vereinten Nationen (§ 13 Abs. 4 des Umstellungsgesetzes) zustanden oder an Angehörige der Vereinten Nationen verpfändet oder sicherungshalber abgetreten waren, mit der Wirkung umgestellt werden, daß an die Stelle einer Reichsmark eine Deutsche Mark tritt", unbeschadet anderer Umstellung der gesicherten Forderung. Daraus ergibt sich, daß bei Vorliegen der eben bezeichneten Voraussetzungen eine **Umstellungsgrundschuld** wegen einer Belastung zugunsten eines Angehörigen der Vereinten Nationen **nicht** in Betracht kommt.

Zu § 28 SHG. (Art der Entrichtung der SHA.)

Bodenreform

(**28**) Die Entschädigung der von der Bodenreform betroffenen Besitzer land- und forstwirtschaftlichen Vermögens für die von ihnen abgegebenen Vermögensteile erfolgt nach den Landesgesetzen in vielen Fällen in einer Form, welche es als unbillige Härte erscheinen lassen würde, wenn die SHA. voll in barem Gelde gezahlt werden müßte.

Es soll deshalb den gesetzgebenden Körperschaften vorgeschlagen werden, durch eine **Durchführungsverordnung** folgende Bestimmungen bezüglich der Leistung der SHA. zu treffen:

(1) Grundbesitzer, die nach den Bodenreformgesetzen Teile ihres nach dem Soforthilfegesetz abgabepflichtigen land- und forstwirtschaftlichen Vermögens mit der Wirkung abgegeben haben, daß die wirtschaftliche Nutzung spätestens mit dem 1. Juli 1949 auf die übernehmende Stelle übergegangen ist, dürfen die auf die abgegebenen Teile entfallende allgemeine Soforthilfeabgabe in der gleichen Form leisten, in der die Entschädigung erfolgt:

a) Soweit ein bestimmter Hundertsatz der Entschädigung in bar gezahlt wird, ist ein gleicher Hundertsatz der allgemeinen Soforthilfeabgabe in bar zu entrichten.

b) Soweit ein bestimmter Hundertsatz der Entschädigung in Schuldverschreibungen gewährt wird oder als Entschädigungsforderung stehenbleibt, kann ein gleicher Hundertsatz durch Hingabe von Schuldverschreibungen oder durch Abtretung eines Teils der Entschädigungsforderung entrichtet werden.

(2) Grundbesitzer, die nach den Bodenreformgesetzen mehr als 20 v.H. ihres nach dem Soforthilfegesetz abgabepflichtigen land- und forstwirtschaftlichen Vermögens mit der Wirkung abgegeben haben, daß die wirtschaftliche Nutzung spätestens mit dem 1. Juli 1949 auf

die übernehmende Stelle übergegangen ist, dürfen auch den Teil der allgemeinen Soforthilfeabgabe, der auf das ihnen verbleibende land- und forstwirtschaftliche Vermögen entfällt, nach folgendem Maßstab in der gleichen Form leisten, in der die Entschädigung für die abgegebenen Teile erfolgt:

bei einer Landabgabe von mehr als	20 v. H.	bis 30 v. H.:	bis zu 30 v. H.
,, ,, ,, ,, ,, ,,	30 v. H.	,, 40 v. H.:	,, ,, 45 v. H.
,, ,, ,, ,, ,, ,,	40 v. H.	,, 50 v. H.:	,, ,, 60 v. H.
,, ,, ,, ,, ,, ,,	50 v. H.	,, 60 v. H.:	,, ,, 80 v. H.
,, ,, ,, ,, ,, ,,	60 v. H.:		bis ,, 100 v. H.

(3) Die nach § 24 des Gesetzes anrechenbaren Zinsen und Tilgungsbeträge sind auf den Gesamtbetrag der auf das land- und fortswirtschaftliche Vermögen entfallenden allgemeinen Soforthilfeabgabe anzurechnen. Der danach verbleibende Teil der Abgabe ist auf den abgegebenen und den nichtabgegebenen Teil des land- und forstwirtschaftlichen Vermögens im Verhältnis der Einheitswertanteile zu verteilen.

(4) Soweit der Abgabepflichtige über die Entschädigung am Tage der Fälligkeit der Soforthilfeabgabe noch nicht verfügen kann, ist die Soforthilfeabgabe zunächst zu stunden und spätestens 10 Tage nach dem Zeitpunkt zu entrichten, in dem der Abgabepflichtige die Verfügung über die Entschädigung erlangt. Die gestundete Soforthilfeabgabe ist vom Fälligkeitstage bis zur Entrichtung in gleicher Höhe wie die Entschädigungsforderung zu verzinsen.

(5) Die Leistung der Soforthilfeabgabe durch Übergabe von Schuldverschreibungen oder durch Abtretung von Entschädigungsforderungen hat an eine vom Präsidenten des Hauptamts für Soforthilfe zu bestimmende Stelle zu erfolgen. Die Empfangsbescheinigung dieser Stelle hat der Abgabepflichtige seinem zuständigen Finanzamt an Zahlungsstatt einzureichen.

(6) Die Regelung der Absätze 1 bis 5 gilt für das erste Erhebungsjahr (1. April 1949 bis 31. März 1950). Sie gilt für spätere Erhebungsjahre entsprechend, wenn die wirtschaftliche Nutzung der abgegebenen Teile spätestens mit dem in das Erhebungsjahr fallenden 1. Juli auf die übernehmende Stelle übergeht.

Solange die beabsichtigte Regelung durch eine Durchführungsverordnung nicht erfolgt ist, ist auf Antrag die **SHA. in folgendem Umfange zu stunden**:

a) soweit nach den vorgesehenen Bestimmungen die SHA. anders als durch Barzahlung geleistet werden dürfte,

b) soweit und solange nach Abs. 4 der vorgesehenen Bestimmungen eine Stundung zu gewähren wäre.

In Vertretung

Hartmann

24.

Der Bundesminister der Finanzen

LA 8518 — 17/50

Dienststelle
Bad Homburg v. d. H.,
Terrassenstr. 1
den 23. März 1950

An
die Herren Finanzminister (Finanzsenatoren)
der Länder des Bundesgebiets

Betrifft: §§ 6 und 13 SHG.; Ehen zwischen Angehörigen der Vereinten Nationen (AVN.) und Deutschen*)

Zu den hier entstandenen Zweifelsfragen nehme ich vorbehaltlich der Entscheidung der Rechtsmittelbehörden wie folgt Stellung:

I. Einfluß der Eheschließung auf die Staatsangehörigkeit der Ehefrau

1. Ein AVN. heiratet eine Deutsche.

Die Ehefrau **verliert** in jedem dieser Fälle die **deutsche Staatsangehörigkeit.**

Die Ehefrau **erwirbt** in den **meisten** Fällen mit der Eheschließung auf Grund des fremden Staatsangehörigkeitsrechts die **ausländische Staatsangehörigkeit,** so z. B. nach früherem, erst mit Wirkung vom 1. Januar **1949** geänderten und deshalb für die SHA. noch**) in Betracht kommenden **englischen** Staatsangehörigkeitsrecht.

Nach dem Staatsangehörigkeitsrecht einer **Minderzahl** von Ländern führt die Eheschließung nicht automatisch zum Erwerb der betreffenden ausländischen Staatsangehörigkeit; so z. B. nach dem Staatsangehörigkeitsrecht **Frankreichs,** wo vor dem Gesetz vom 19. Oktober **1945** die Einbürgerung besonders beantragt und herbeigeführt werden mußte, sowie nach dem Staatsangehörigkeitsrecht der **Vereinigten Staaten von Amerika,** nach welchem lediglich eine Fristabkürzung für den auf andere Weise möglichen Erwerb der Staatsangehörigkeit eintritt. Es vergeht in diesen Fällen also mindestens eine **Zwischenzeit,** während deren die Ehefrau **staatenlos** ist.

Bei Ehen zwischen einem AVN. und einer ehemaligen Deutschen sind also **zwei Möglichkeiten** zu unterscheiden:

Ehemann AVN. — Ehefrau AVN.
Ehemann AVN. — Ehefrau Staatenlose.

Die Ehefrau muß demnach, weil die Abgabefreiheit gemäß § 6 SHG. von dem Besitz der Staatsangehörigkeit einer der Vereinten Nationen bereits am 8. Mai **1945** abhängt — vgl. Tz. **3** und **4** —, bei einer **vor dem 8. Mai 1945 geschlossenen Ehe** den **Nachweis** führen, daß sie die gel-

*) MinBl. d. BMdF. Nr. 7 v. 28. März **1950** S. 155.
**) Hier fehlt anscheinend das Wort „nicht".

tend gemachte fremde Staatsangehörigkeit an dem genannten Stichtag besessen hat. Bei Heirat mit einem **Engländer** steht der Erwerb der englischen Staatsangehörigkeit **ohne weiteres** fest. In allen übrigen Fällen (auch bei Heirat mit einem Staatsangehörigen eines der britischen Dominions) ist dagegen eine Nachprüfung erforderlich.

Bei **später geschlossenen Ehen** zwischen einem AVN. und einer Deutschen kommt eine Befreiung (auch bei nachgewiesenem Erwerb einer ausländischen Staatsangehörigkeit) nicht in Betracht (vgl. Tz. 5).

2. **Ein Deutscher heiratet eine AVN.**

Die Ehefrau **verliert** in diesen Fällen nach dem Staatsangehörigkeitsrecht der **meisten** Staaten ihre bisherige Staatsangehörigkeit mit der Eheschließung bzw. infolge des Erwerbs der deutschen Staatsangehörigkeit, letzteres z. B. nach früherem englischen Recht. Nach dem Staatsangehörigkeitsrecht einiger **weniger** Staaten **behält** sie jedoch ihre bisherige Staatsangehörigkeit bei, so vor allem die bisherige amerikanische Staatsangehörigkeit und im Regelfall auch die bisherige französische Staatsangehörigkeit.

Auf der anderen Seite **erwirbt** die Ehefrau in **allen** Fällen mit der Eheschließung — sei es an Stelle ihrer bisherigen Staatsangehörigkeit oder zusätzlich zu ihrer bisherigen Staatsangehörigkeit — die **deutsche Staatsangehörigkeit.** In den letzteren Fällen wird sie damit **Doppelstaaterin.**

Bei Ehen zwischen einem Deutschen und einer ehemaligen AVN. sind also **ebenfalls zwei Möglichkeiten** gegeben:

Ehemann Deutscher — Ehefrau Deutsche
Ehemann Deutscher — Ehefrau Doppelstaaterin.

Ob der eine oder der andere Fall vorliegt, braucht jedoch **nicht nachgeprüft** zu werden, weil die **Folgen für die SHA.** gemäß Tz. 4 und 5 **dieselben** sind.

II. Folgen für die SHA.

3. Die Befreiung von der SHA. hängt davon ab, daß die Eigenschaft als AVN. sowohl am 8. Mai 1945, als auch am 21. Juni 1948 bestanden hat (§ 6 SHG.).

Die Befreiung erstreckt sich nicht auf Staatenlose.

Bei Personen, die sowohl die deutsche als auch zugleich die Staatsangehörigkeit einer der Vereinten Nationen besessen haben, bleibt die letztere außer Betracht (Tz. 6 des 2. SHA.-Sammelerlasses).

Aus der Anwendung dieser Rechssätze auf die nach Abschnitt I in Betracht kommenden Tatbestände ergeben sich in der Frage der Befreiung nach § 6 SHG. die nachstehenden Folgen. Dabei ist zwischen Ehen, die **vor dem 8. Mai 1945,** und zwischen Ehen, die **in der Zeit vom 8. Mai 1945 bis 21. Juni 1948** geschlossen sind, zu unterscheiden.

4. **Ehen vor dem 8. Mai 1945.**

In diesen Fällen lagen die sich aus der Eheschließung für die Staatsangehörigkeit ergebenden Folgen an beiden für die Befreiung maßgebenden Stichtagen vor.

Es gilt dann das folgende:

<table>
<tr><td>Regelfall der Tz. 1
(Ehemann AVN., Ehefrau ehemalige Deutsche, jetzt ebenfalls AVN.)</td><td>beide Ehegatten abgabefrei</td></tr>
<tr><td>Sonderfall der Tz. 1
(Ehemann AVN., Ehefrau ehemalige Deutsche, jetzt Staatenlose)</td><td>Ehemann abgabefrei, Ehefrau abgabepflichtig</td></tr>
<tr><td>Regelfall der Tz. 2
(Ehemann Deutscher, Ehefrau ehemalige AVN., jetzt ebenfalls Deutsche)</td><td rowspan="2">beide Ehegatten abgabepflichtig</td></tr>
<tr><td>Sonderfall der Tz. 2
(Ehemann Deutscher, Ehefrau ehemalige AVN., jetzt Doppelstaaterin)</td></tr>
</table>

5. **Ehen zwischen dem 8. Mai 1945 und 21. Juni 1948.**

In diesen Fällen lagen die sich aus der Eheschließung für die Staatsangehörigkeit ergebenden Folgen am ersten der beiden Stichtage **noch nicht** vor. Es gilt dann das folgende:

<table>
<tr><td>Regelfall der Tz. 1
(Ehemann AVN., Ehefrau ehemalige Deutsche, jetzt ebenfalls AVN.)</td><td rowspan="2">Ehemann abgabefrei,
Ehefrau abgabepflichtig</td></tr>
<tr><td>Sonderfall der Tz. 1
(Ehemann AVN., Ehefrau ehemalige Deutsche, jetzt Staatenlose)</td></tr>
<tr><td>Regelfall der Tz. 2
(Ehemann Deutscher, Ehefrau ehemalige AVN., jetzt ebenfalls Deutsche)</td><td rowspan="2">beide Ehegatten abgabepflichtig</td></tr>
<tr><td>Sonderfall der Tz. 2
(Ehemann Deutscher, Ehefrau ehemalige AVN., jetzt Doppelstaaterin)</td></tr>
</table>

6. **Keine Zusammenrechnung von Vermögen eines abgabepflichtigen und eines abgabefreien Ehegatten gemäß § 13 SHG.**

Die Fälle, in denen der **Ehemann abgabefrei,** die **Ehefrau** aber **abgabepflichtig** ist, haben zu Zweifeln Anlaß gegeben, ob nach § 13 SHG. Vermögen eines abgabepflichtigen Ehegatten und Vermögen eines abgabefreien Ehegatten zusammenzurechnen ist und ob in diesem Fall das gesamte Vermögen beider Ehegatten der Abgabe unterworfen wird oder nicht.

Zusammengerechnet wird nach ausdrücklicher Vorschrift des § 13 SHG. nur **abgabepflichtiges** Vermögen **abgabepflichtiger** Personen. Liegen also die Voraussetzungen für die Abgabefreiheit nur beim Ehemann vor, so ist sein Vermögen von vornherein außer Betracht zu lassen und lediglich das Vermögen der Ehefrau zu ermitteln und der Abgabe zu unterwerfen. Schwierigkeiten hinsichtlich des Anwendungsbereichs des § 6 SHG. können sich also bei dieser getrennten Vermögensbehandlung nicht ergeben.

Dieser Runderlaß wird im Ministerialblatt des Bundesministeriums der Finanzen veröffentlicht.

In Vertretung

gez. Hartmann

25.

Richtlinien

des Hauptamts für Soforthilfe vom 7. November 1949 über die Nichterhebung der Soforthilfeabgabe bei Verpachtung land- und forstwirtschaftlicher Betriebe

(Bundesanzeiger Nr. 29 vom 29. November 1949)

Nach Anhören des Ständigen Beirates und mit Zustimmung des Kontrollausschusses werden auf Grund der in § 66 StDVO.-SHG. vom 8. August 1949 erteilten Ermächtigung folgende Richtlinien erlassen:

I.

Werden land- und forstwirtschaftliche Betriebe in der Zeit vom 1. April 1949 bis zum 30. September 1950 an Flüchtlinge auf die Mindestdauer von 9 Jahren verpachtet, so bleibt die auf den verpachteten Betrieb entfallende Soforthilfeabgabe während der Pachtdauer unerhoben, sofern die nachstehenden Bedingungen bei der Verpachtung erfüllt sind:

1. Der land- und forstwirtschaftliche Betrieb muß an einen Flüchtling nach § 31 Ziffer 1 SHG. und § 1 der Anordnung nach § 73 SHG. vom 8. August 1949 verpachtet werden.
2. Der Betrieb muß freiwillig verpachtet worden sein. Es darf sich somit um keine Landabgabe im Rahmen der Durchführung der Bodenreform handeln.
3. Die Pachtdauer muß mindestens 9 Jahre betragen.
4. Das Landwirtschaftsamt oder die entsprechende zuständige Behörde muß den Pachtvertrag genehmigt haben, und es muß die zuständige Siedlungsbehörde oder eine von ihr beauftragte Stelle auf Grund dieser Richtlinien dem Pachtvertrag zugestimmt haben.
5. Bei der Vorbereitung des Pachtabschlusses müssen die berufsständischen Vertreter der Landwirtschaft, die Vertreter der Heimatvertriebenen sowie die Selbsthilfeeinrichtungen beteiligt werden.
6. Der verpachtete Betrieb muß eine derartige Mindestgröße besitzen, daß der Pächter durch die Bearbeitung seinen notwendigen Lebensunterhalt beziehen kann.
7. Der Pächter muß die erforderliche Eignung zur ordnungsgemäßen Bewirtschaftung eines land- und forstwirtschaftlichen Betriebes haben. Er muß eine entsprechende Gewähr bieten, daß er die übernommenen Verpflichtungen erfüllen wird.

II.

Die Vergünstigung, daß während der Pachtdauer gemäß dieser Richtlinien die Soforthilfeabgabe unerhoben bleibt, beginnt mit dem Anfang des Kalendervierteljahres, das dem folgt, in dem der Betrieb an den Flüchtling zur Bewirtschaftung übergeben wird. Die Vergünstigung entfällt, wenn das Pachtverhältnis vor Ablauf von 9 Jahren nach der Übergabe erlischt, mit dem Ende des Kalendervierteljahres, in dem das Pachtverhältnis endet. Beruht jedoch das Erlöschen auf einem Umstand, den der Verpächter zu vertreten hat, so entfällt die Vergünstigung mit rückwirkender Kraft. In diesem Falle sind alle seit der Verpachtung nicht erhobenen Soforthilfeabgaben fällig und müssen nachgezahlt werden.

III.

Zur Vereinfachung des Verfahrens bin ich damit einverstanden, daß zur Vorlage beim Finanzamt die gleiche Bescheinigung (Muster der Bescheinigung zur Vorlage beim Finanzamt — FlüSG. und § 66 StDVO. — SHG. —) verwendet wird, die als Anlage zu dem Schreiben des Bundesministers für Ernährung, Landwirtschaft und Forsten vom 18. Oktober 1949 — IV/5 4854/49 — AZ 4556 — den obersten Siedlungsbehörden übersandt worden ist. Mit der Ausstellung dieser Bescheinigung ist den vorstehenden Richtlinien entsprochen.

I. V.

Dr. Conrad

Zu Abtlg. I B Inhaltsangabe (hinter S. 2 einfügen)

10.

Rundschreiben

an die obersten Finanzbehörden der Länder betr. Durchführung der Gemeinnützigkeitsverordnung

Vom 15. September 1949

(Ministerialbl. des Bundesministeriums der Finanzen 1949/50 Nr. 1 S. 3)

In einer Reihe von Steuergesetzen sowie in dem Gesetz zur Milderung dringender sozialer Notstände (Soforthilfegesetz) vom 8. August 1949 (WiGBl. S. 205)[1]) sind Vergünstigungen für Körperschaften, Personenvereinigungen und Vermögensmassen vorgesehen, die nach ihrer Satzung, Stiftung oder sonstigen Verfassung und nach ihrer tatsächlichen Geschäftsführung ausschließlich und unmittelbar gemeinnützigen, mildtätigen oder kirchlichen Zwekken dienen. Welche Zwecke als gemeinnützig, mildtätig oder kirchlich anzusehen sind, und ob die sonstigen Voraussetzungen für eine Steuervergünstigung vorliegen, bestimmt sich nach den Vorschriften der §§ 17 bis 19 des Steueranpassungsgesetzes und der Verordnung zur Durchführung der §§ 17 bis 19 des Steueranpassungsgesetzes (Gemeinnützigkeitsverordnung) vom 16. Dezember 1941 (RMBl. S. 299, RStBl. S. 937) in der Fassung der Anlage 1 der Verordnung zur Änderung der Ersten Verordnung zur Durchführung des Körperschaftsteuergesetzes vom 16. Oktober 1948 (WiGBl. S. 182)[2]). Diese Neufassung hat im wesentlichen nur die auf die nationalsozialistische Staatsform hinweisenden früheren Vorschriften der Gemeinnützigkeitsverordnung beseitigt. Darüber hinaus ist von verschiedenen Seiten der Wunsch nach einer grundlegenden Neugestaltung der umstrittenen und komplizierten Verordnung laut geworden. Ohne einer späteren gesetzlichen Regelung vorzugreifen, soll bis dahin auf Grund von Anträgen der Spitzenverbände der freien Wohlfahrtspflege und zur Ersparnis von Verwaltungsarbeit mit diesem Rundschreiben, dem die obersten Finanzbehörden der Länder im Entwurf zugestimmt haben, im Rahmen des bestehenden Rechtszustandes eine möglichst vereinfachte und gleichmäßige Durchführung der genannten Vorschriften sichergestellt und eine Klärung wenigstens der dringendsten Zweifelsfragen erreicht werden.

Es wird daher empfohlen, bei der Anwendung der Gemeinnützigkeitsverordnung die folgenden Grundsätze zu beachten:

---

[1]) Veröffentlicht im AMBlFin Nr. 16/18 S. 225.

[2]) Veröffentlicht im AMBlFin 1948 Nr. 4/6 S. 58 in Verbindung mit AMBlFin 1949 Nr. 1/4 S. 41.

1. Allgemeines.

In der gegenwärtigen Zeit, in der alles getan werden muß, um die weithin herrschende Not zu überwinden, ist bei der Prüfung der Voraussetzungen der Gemeinnützigkeitsverordnung im allgemeinen großzügig und unter dem Gesichtspunkt zu verfahren, daß Härten möglichst vermieden werden müssen, und daß die aufzuwendende Verwaltungsarbeit nur dann als lohnend anzusehen ist, wenn der durch sie voraussichtlich zu erzielende Erfolg in einem angemessenen Verhältnis zu ihr steht. Das ist namentlich gerechtfertigt bei den Spitzenverbänden der freien Wohlfahrtspflege (Zentralausschuß für die Innere Mission der Deutschen Evangelischen Kirche einschließlich des Hilfswerks der Evangelischen Kirchen Deutschlands, Deutscher Caritas-Verband e. V., Paritätischer Wohlfahrtsverband einschließlich der Heilsarmee, Deutsches Rotes Kreuz, Verband für Arbeiterwohlfahrt, ein etwaiger jüdischer Wohlfahrtsverband mit gleicher Zweckrichtung), ihren Unterverbänden und den diesen Verbänden angeschlossenen Einrichtungen und Anstalten, deren Tätigkeit gemeinnützigen und mildtätigen Zwecken dient.

Die Grundlage für eine Reihe einschränkender Auslegungen der Gemeinnützigkeitsvorschriften durch Rechtsprechung und Verwaltungsanordnungen bildete in der Vergangenheit § 1 Absatz 1 des Steueranpassungsgesetzes. Nachdem dieser aufgehoben ist, wird in vielen Fällen für die Anwendung früherer höchstgerichtlicher Urteile und Ministerialerlasse kein Raum mehr sein. Im Zweifelsfall ist daher eine sorgfältige Prüfung in dieser Hinsicht am Platze.

2. Zu § 1:

Da die Förderung der Religion als Förderung der Allgemeinheit gilt (§ 17 Abs. 3 Ziffer 2 StAnpG.), sind kirchliche Zwecke stets gleichzeitig auch gemeinnützige Zwecke im Sinne des § 17 des Steueranpassungsgesetzes (OFH.-Urteil vom 12. Februar 1946 — I 1/46 S. —, veröffentlicht im Amtsblatt des Bayer. Staatsmin. der Finanzen 1946 S. 60).

Nach der Rechtsprechung des ehemaligen Reichsfinanzhofs wurden kirchliche Zwecke nur insoweit steuerlich begünstigt, als sie durch christliche Religionsgesellschaften gegenüber „deutschen Volksgenossen“ gefördert wurden. Deshalb wurde die Heidenmission als die Bekehrung „fremdrassiger Menschen“ zum Christentum als steuerschädlich bezeichnet (Urteil vom 16. März 1940, RStBl. S. 490). Diese Rechtsprechung beruhte auf der Vorschrift des § 1 Abs. 1 des Steueranpassungsgesetzes und ist nicht mehr anwendbar. Als kirchlichen und zugleich gemeinnützigen Zwecken unmittelbar dienend gilt mithin auch die Heidenmission.

3. Zu § 2:

Nach der Neufassung des § 18 Abs. 2 StAnpG. ist bei der Entscheidung über die Frage der Bedürftigkeit nicht nur die wirtschaftliche Lage, sondern auch die körperliche oder geistige Beschaffenheit von Personen von Bedeutung. Dadurch ist der Kreis der in Betracht kommenden Personen wesentlich erweitert worden.

4. Zu § 3:

Bei geistlichen Genossenschaften (Orden, Kongregationen) ist mit Rücksicht auf ihre Eingliederung in den kirchlichen Organismus der Nachweis der Satzungserfordernisse nach § 3 als erbracht anzusehen.

Wenn Körperschaften neben gemeinnützigen, mildtätigen oder kirchlichen Zwecken einen weiteren ideellen Zweck (z. B. die Selbstheiligung der Mitglieder) verfolgen, so wird dadurch die Steuervergünstigung nicht ausgeschlossen. Die entgegenstehenden RFH.-Urteile vom 29. November 1938 (RStBl. S. 1180), vom 14. Juni 1940 (RStBl. 1941 S. 231), vom 22. März 1941 (RStBl. S. 371) und vom 19. April 1941 (RStBl. S. 378) sind nicht mehr anzuwenden.

Infolge des Wegfalls des Satzes 2 der Ziffer 5 kann eine gemeinnützige oder mildtätige Körperschaft Steuerfreiheit auch dann erlangen, wenn ihr Vermögen nach der Satzung bei Auflösung oder Aufhebung der Körperschaft für kirchliche Zwecke zu verwenden ist.

5. Zu § 5:

Wenn eine Körperschaft anderen Personen, Unternehmen oder Einrichtungen Arbeitskräfte zur Verfügung stellt, die zu gemeinnützigen, mildtätigen oder kirchlichen Zwecken verwendet werden (z. B. Schwesterngestellung), so ist dies nicht als steuerlich schädlicher Nebenzweck oder als Verletzung des Grundsatzes der Unmittelbarkeit anzusehen. Soweit die Arbeitskräfte zu anderen Zwecken verwendet werden, liegt ein wirtschaftlicher Geschäftsbetrieb vor.

6. Zu § 6:

Was unter einem „verhältnismäßig nahen Zeitpunkt“ im Sinne der Ziffer 3 zu verstehen ist, muß wegen der Verschiedenartigkeit der Verhältnisse und der verfolgten Zwecke der Entscheidung im einzelnen Fall überlassen bleiben (vgl. RFH.-Urteil vom 22. März 1941, RStBl. S. 437).

7. Zu § 7:

Wird ein Gewerbebetrieb, ein land- oder forstwirtschaftlicher Betrieb oder ein wirtschaftlicher Geschäftsbetrieb unterhalten, so schließt dies nach § 7 Abs. 1 zwar an sich grundsätzlich die

Steuervergünstigung aus, weil das Merkmal der ausschließlichen Verfolgung gemeinnütziger, mildtätiger oder kirchlicher Zwecke fehlt; die Anwendung der §§ 8 bis 11 wird jedoch in zahlreichen Fällen zu einer Beschränkung der Steuerpflicht auf den Gewerbebetrieb, den mit Gewinnabsicht betriebenen land- oder forstwirtschaftlichen Betrieb oder den wirtschaftlichen Geschäftsbetrieb führen.

Die Verpachtung von landwirtschaftlichem Besitz sowie die Vermietung oder Verpachtung von Hausbesitz ist im allgemeinen als Vermögensverwaltung im Sinne des § 7 Abs. 4 anzusehen. Das gleiche gilt für die Eigenbewirtschaftung eines großen Forstbesitzes, wenn dieser nicht auf andere Weise als durch Selbstbewirtschaftung genutzt werden kann, besonders wenn kein gewerblicher Nebenbetrieb vorhanden ist (vgl. RFH.-Urteil vom 29. November 1933, RStBl. 1934 S. 377).

8. Zu § 8:

Bei der Erteilung der Ausnahmebewilligung (Abs. 3) ist nach den oben unter Ziffer 1 hervorgehobenen allgemeinen Gesichtspunkten großzügig zu verfahren.

9. Zu § 9:

Wird ein wirtschaftlicher Geschäftsbetrieb unterhalten (Begriffsbestimmung in § 7 Abs. 3), so ergibt sich aus § 9, daß die Körperschaft mit den Werten, die nicht zu dem wirtschaftlichen Geschäftsbetrieb gehören, Steuervergünstigung genießt, wenn der wirtschaftliche Geschäftsbetrieb sich als ein Mittel zur Erreichung der gemeinnützigen, mildtätigen oder kirchlichen Zwecke darstellt (Abs. 2). Mit den Werten, die zu dem wirtschaftlichen Geschäftsbetrieb gehören, ist die Körperschaft grundsätzlich nach Maßgabe der einzelnen Steuergesetze steuerpflichtig (Abs. 3), sofern es sich nicht um einen Hilfsbetrieb handelt, der zur Erreichung der steuerbegünstigten Zwecke unentbehrlich ist. Die Voraussetzungen hierfür sind in § 9 Abs. 4, Beispiele in § 10 der Verordnung aufgeführt.

Auch land- oder forstwirtschaftliche Betätigung kann, wenn sie ohne Gewinnabsicht stattfindet, wirtschaftlicher Geschäftsbetrieb im Sinne des § 7 Abs. 3 und als solcher unter den Voraussetungen des § 9 Abs. 4 unentbehrlicher Hilfsbetrieb und damit steuerbegünstigt sein.

Als unentbehrliche Hilfsbetriebe im Sinne des § 9 Abs. 4 werden in der Regel in Betracht kommen:

a) Landwirtschaftliche Betriebe und Gärtnereien, die der Selbstversorgung von Körperschaften dienen, wenn dadurch die sachgemäße Ernährung und ausreichende Versorgung von Anstaltspfleglingen gesichert wird (RFH.-Urteil vom 20. September 1944 — VI a 6/44 —, nicht veröffentlicht). Es bestehen unter den oben zu Ziff. 1 hervorgehobenen Gesichtspunkten keine Bedenken, auch andere Einrichtungen, die für die Selbstversorgung von Körperschaften erforderlich sind (z. B. Tischlereien, Schlossereien), als unentbehrliche Hilfsbetriebe zu behandeln;

b) Einrichtungen für arbeitstherapeutische Zwecke, z. B. zur Beschäftigung von Geisteskranken, Schwachsinnigen und drgl. in handwerklichen und ähnlichen Betrieben sowie in Land- und Forstwirtschaft (OFH.-Urteil vom 13. September 1947 — I 17/46 U —, Amtsbl. d. Bayer. Staatsmin. d. Fin. S. 149);

c) Einrichtungen für Zwecke der Fürsorgeerziehung in Land- und Forstwirtschaft, Wäschereien und drgl.;

d) Einrichtungen zu fürsorgerischen Zwecken, wie der Grundbesitz von Arbeiterkolonien für gescheiterte oder heimatlos gewordene Personen.

Als steuerunschädlich werden bei derartigen an sich steuerfreien Betrieben, namentlich Selbstversorgungs- und Regiebetrieben, geringfügige Lieferungen oder Leistungen an Dritte (höchstens bis etwa 20 v. H. des wirtschaftlichen Umsatzes) angesehen werden können, wenn sie durch die Verhältnisse bedingt sind oder sich daraus üblicherweise ergeben. Dabei ist im Zweifel die Entwicklung seit dem Währungsstichtag zu Grunde zu legen.

Beispiele:

a) Bei einer großen caritativen Anstalt, die ein eigenes Elektrizitätswerk hat, das der Versorgung der eigenen Anstalt dient, wird eine geringe Strommenge an die Nachbarn abgegeben, denen keine andere Stromversorgung zur Verfügung steht.

b) Ein der Eigenversorgung dienender landwirtschaftlicher Betrieb gibt eine geringe Menge der Erzeugnisse an Angestellte oder sonstige Dritte ab.

10. Zu § 11:

Die Voraussetzungen, unter denen anzunehmen ist, daß eine Krankenanstalt in besonderem Maße der minderbemittelten Bevölkerung dient, vor allem die Regelung hinsichtlich der Verpflegungshöchstsätze, sind außerordentlich kompliziert und erschweren die Anwendung dieser Vorschriften in der Praxis erheblich. Es erscheint daher aus Gründen der Verwaltungsvereinfachung gerechtfertigt, zuzulassen, daß auf die Erfüllung der Voraussetzungen des § 11 Abs. 2—6 verzichtet werden kann, wenn die Krankenanstalt statt dessen nachweist, daß

a) mindestens 80 v. H. der jährlichen Verpflegungstage auf Kranke der Sozialversicherung, der Kriegsbeschädigtenversorgung und der öffentlichen Fürsorge entfallen, und

b) die Überschüsse, die durch die Krankenanstalt erzielt werden, der Körperschaft zur Erfüllung ihrer steuerbegünstigten Zwecke dienen.

Krankenanstalten kann danach Steuerbefreiung bei Erfüllung entweder der vorstehend unter a) und b) genannten Voraussetzungen oder (wie bisher) der Voraussetzungen des § 11 Abs. 2—6 gewährt werden.

11. Zu § 12:

Wegen der Gestellung von Arbeitskräften vgl. oben Ziffer 5 (zu § 5).

Bad Homburg v. d. H., den 15. September 1949.

III S 1291 a — 20/49

Der Direktor der Verwaltung für Finanzen
des Vereinigten Wirtschaftsgebietes

Hartmann

2. Nachtrag

(Hinter II A Seite 31 einfügen)

Zu 1. Vorbemerkung (S. 6)

In den Ländern der französischen Zone sind folgende Gesetze und Durchführungsverordnungen ergangen, die im wesentlichen mit denen der Doppelzone übereinstimmen:

I. Württemberg-Hohenzollern

1. Gesetz vom 3. Dezember 1948 (RegBl. 1949 S. 3), in Kraft getreten am 1. Juli 1948.

2. Änderungsgesetz vom 15. November 1949 (RegBl. S. 505).

3. Erste Durchführungsverordnung vom 27. Januar 1949 (RegBl. S. 48).

Abweichungen von der 1. DVO. der Doppelzone:

a) Eingehende Gelder sind als Treuhandvermögen vom Finanzministerium gesondert zu verwalten (§ 1).
b) Die VO. ist am 27. Juni 1948 (statt am 21. Juni 1948) in Kraft getreten (§ 13 Abs. 1).
c) In § 13 Abs. 2: 26. Juni 1948 statt 21. Juni 1948.
d) Die Vorschriften des § 5 Abs. 1 Satz 3 (Behandlung von umgestellten Rechten, die dem Eigentümer zustehen) und des § 13 Abs. 3 Satz 2 (Eintragung der Grundschuld von Amts wegen, wenn das umgestellte Recht infolge Befriedigung des Gläubigers gelöscht wird) sind in der 2. DVO. durch andere Vorschriften ersetzt worden (2. DVO. § 15 Abs. 3).

4. Zweite Durchführungsverordnung vom 11. Oktober 1949 (RegBl. S. 449).

Abweichungen von der 2. DVO. der Doppelzone:

Andere Daten: 27. Juni statt 21. Juni 1948 (§ 5, § 11 Abs. 7, § 13 Abs. 1 Satz 1, § 14) und 26. Juni statt 20. Juni 1948 (§ 13 Abs. 1 Satz 2).

5. Anordnung des Finanzministeriums zur Ausführung des Gesetzes vom 27. Januar 1949 (RegBl. S. 49).

Sie bestimmt die mit der Verwaltung der Umstellungsgrundschulden beauftragten Institute und regelt das hierbei zu beobachtende Verfahren.

II. Südbaden

1. Gesetz vom 22. Februar 1949 (GVBl. S. 81), in Kraft getreten am 1. Juli 1948.

Abweichungen vom Gesetz der Doppelzone:

a) Zu den umgestellten Rechten gehören nicht Abgeltungslasten, die ein Darlehen zur Abgeltung der Gebäudesteuer sichern (§ 1).

b) Die Mittel, die dem Land aus den nach der Verordnung 160 Art. 16 § 42 (Journal Officiel S. 1537), d. h. im Verhältnis 10 : 1, umgestellten Pfandrechten an den im Schiffsregister eingetragenen Schiffen und an Bahneinheiten zufließen, sind zur Förderung des Wohnungsbaues zu verwenden (§ 4).

c) Die Rechte des Landes nach §§ 1 und 2 werden vom Ministerium der Finanzen ausgeübt, das sie anderen Stellen (Instituten, die Kredite gewähren) übertragen kann (§ 5).

2. Erste Durchführungsverordnung vom 23. Juni 1949 (GVBl. S. 239).

Abweichungen von der 1. DVO. der Doppelzone:

a) Art. II betsimmt die mit der Ausübung der dem Lande zustehenden Rechte beauftragten Stellen und regelt das hierbei zu beobachtende Verfahren.

b) Die Vorschriften des § 1 Abs. 1 Satz 3 (Behandlung der umgestellten Rechte, die dem Eigentümer zustehen) und des § 14 Abs. 2 Satz 2 (Eintragung der Grundschuld von Amts wegen, wenn das umgestellte Recht gelöscht wird) sind durch andere Vorschriften der 2. DVO. ersetzt worden (2. DVO. § 3).

3. Zweite Durchführungsverordnung vom 23. November 1949 (GVBl. S. 448).

Abweichung von der 2. DVO. der Doppelzone:
Die Vorschrift der 2. DVO. § 3 der Doppelzone fehlt.
Änderungsgesetz v. 7. Februar 1950 (GVBl. S. 128).

III. Rheinland-Pfalz

1. Landesgesetz vom 23. November 1948 (GVBl. I S. 409), in Kraft getreten am 1. Juli 1948.

2. Änderungsgesetz vom 13. Januar 1950 (GVBl. I S. 1).

3. Erste Durchführungsverordnung vom 22. März 1949 (GVBl. I S. 84).

Abweichungen von der 1. DVO. der Doppelzone:

a) Die nach § 1 des Gesetzes begründeten Rechte und die aus ihnen fließenden Erträge bilden ein Treuhandvermögen, dessen Träger der Treuhandfonds für Grundpfandrechte, eine Körperschaft des öffentlichen Rechts, ist (§ 1).

b) § 2 regelt die Art der Zahlung der Zinsen und Tilgungsbeträge und bestimmt die „verwaltenden Stellen", an die sie (mit Wirkung vom 1. Juli 1948 ab) zu entrichten sind.

c) In §§ 4 und 5 werden die Aufgaben der verwaltenden Stellen geregelt.

d) Die Vorschrift des § 15 Abs. 3 Satz 2 (Eintragung der Grundschuld von Amts wegen, wenn das umgestellte Recht infolge Befriedigung des Gläubigers gelöscht wird) ist durch andere Vorschriften der 2. DVO. ersetzt worden (2. DVO. § 14).

4. Zweite Durchführungsverordnung vom 24. November 1949 (GVBl. I S. 584).

Zum Gesetz

1. Verzicht auf Umstellungsgrundschulden

Das SichG. in der Fassung des ÄndG. Art. II sieht für Grundstücke, die durch Kriegssachschäden i. S. der Kriegssachschädenverordnung vom 30. November 1940 (RGBl. I S. 1547) oder durch Schäden infolge von Maßnahmen der Besatzungsmacht (besonders durch Demontagen oder Restitutionen) betroffen sind, einen Verzicht auf die Umstellungsgrundschuld vor, und zwar einen allgemeinen Verzicht (§ 3a) und einen Verzicht im Falle des Wiederaufbaus (§ 3b).

Zu diesen Vorschriften sind ergangen

1. Verwaltungsanordnung des Bundesministers der Finanzen (BMdF.) vom 4. November 1949 für die Behandlung von Anträgen auf Bewilligung des Verzichts auf Umstellungsgrundschulden (Bundesanzeiger Nr. 23 vom 15. November 1949, hier abgedruckt in Abt. I Abschn. A Nr. 20),

2. in Bayern

a) Zweite Anordnung zur Durchführung des Gesetzes zur Sicherung von Forderungen für den Lastenausgleich vom 30. November 1949 (GVBl. S. 290, FMAmtsbl. S. 456, hier abgedruckt in Abt. I Abschn. A Nr. 21),

b) Zehnte Bekanntmachung des B. Staatsministeriums der Finanzen vom 24. November 1949 BA Nr. 15348 I 1180 zum Vollzug des Gesetzes zur Sicherung von Forderungen für den Lastenausgleich (FMAmtsbl. S. 456), die lediglich die Formblätter für die Anträge auf Erklärung des Verzichts auf Umstellungsgrundschulden gemäß §§ 3a und 3b des Gesetzes enthält.

I. Allgemeines

Das Gesetz spricht von „Grundstücken". Unter einem „Grundstück" versteht das RBewG. (§ 50 Abs. 1 Satz 3) die wirtschaftliche Einheit des Grundvermögens. Gemeint ist im SichG. aber offenbar der „Grundbesitz" (RBewG. § 11, § 51 Abs. 1), zu dem auch land- und forstwirtschaftliche Betriebe und Betriebsgrundstücke gehören.

Der Verzicht wird nur auf Antrag des Grundstückseigentümers ausgesprochen. Für den Antrag sind Formblätter vorgeschrieben (s. o.). Um die Berücksichtigung unbedeutender Schäden auszuschließen, erfordert das Gesetz, daß der nach dem Fortschreibungsgesetz vom 10. März 1949 auf den 21. Juni 1948 festgestellte Einheitswert um mehr als 10% niedriger ist als der letzte Einheitswert vor dem Schadensfall, d. h. als der auf den letzten Feststellungszeitpunkt vor dem Schadensfall festgestellte Einheitswert. Bei Grundstücken, deren Belastung am 21. Juni 1948 höher war als 70% des letzten Einheitswerts vor dem Schadensfall, ermäßigt sich die Schadensquote auf 5%. In die Belastung sind die (am 1. Juli entstandenen) Umstellungsgrundschulden einzurechnen (VerwAndg. Ziff. 1). Nicht zur Belastung in diesem Sinne gehören solche Rechte, die bei Ablauf des 20. Juni 1948 dem Eigentümer zustanden oder gegen deren

Geltendmachung in diesem Zeitpunkt dem Eigentümer eine Einrede zustand, die sich nicht nur auf den Zeitpunkt der Geltendmachung bezog (§ 3a Abs. 1).

Der Verzicht ist in Höhe des Betrags der Umstellungsgrundschuld (nicht der Gesamtbelastung) auszusprechen, der sich aus dem Verhältnis des Sachschadens zum Einheitswert des letzten Feststellungszeitpunkts vor dem Schadensfall errechnet. Als Sachschaden gilt der Unterschied zwischen dem letzten Einheitswert vor dem Schadensfall und dem auf den 21. Juni 1948 fortgeschriebenen Einheitswert (§ 3a Abs. 2). Ein Beispiel für die Berechnung gibt die VerwAndg. des BMdF. in Ziff. 2. Beim Verzicht auf einen Teil der Umstellungsgrundschuld ermäßigen sich die bisherigen Leistungen auf diese Grundschuld in demselben Verhältnis, in dem sich das Kapital ermäßigt hat (VerwAndg. Ziff. 2).

Sind die Schäden nach dem Beginn des 21. Juni 1948 entstanden (z. B. durch Demontagen oder Restitutionen), so tritt an die Stelle des auf diesen Zeitpunkt fortzuschreibenden Einheitswerts der Einheitswert, der für den nächsten Feststellungszeitpunkt nach Eintritt des Schadens festzustellen ist (§ 3a Abs. 4). Wenn der Schaden bis zu diesem Zeitpunkt ganz oder teilweise beseitigt worden ist, kann aus Billigkeitsgründen ein angemessener Abschlag vom Einheitswert gewährt werden (VerwAndg. Ziff. 3).

Der Verzicht erfolgt nach VerwAndg. Ziff. 13 im Falle des § 3a mit Wirkung vom 1. Juli 1948. Dies soll offenbar auch in den Fällen gelten, in denen der Schaden nach dem Beginn des 21. Juni 1948 entstanden ist. Dann werden gegebenenfalls die hiernach zu viel gezahlten Zinsen und Tilgungsbeträge zu erstatten sein.

Nach VerwAndg. Ziff. 4 besteht die Leistungspflicht bis zur Feststellung des fortgeschriebenen Einheitswerts weiter, unbeschadet der Möglichkeit eines Erlasses nach 1. DVO. § 5 Abs. 4. Da aber der Verzicht auf den Feststellungszeitpunkt zurückwirkt, ist anzunehmen, daß in diesem Falle die zu viel entrichteten Leistungen nach Vornahme der Fortschreibung zu erstatten sind.

II. Verzicht im Falle des Wiederaufbaus

Ist ein von Kriegssachschäden oder von Maßnahmen der Besatzungsmacht betroffenes Gebäude in der Zeit vom 21. Juni 1948 bis zum 31. März 1953 wiederaufgebaut worden, so kann der Eigentümer nach beendigtem Aufbau verlangen, daß auf den Teil der Grundschuld verzichtet wird, für den die Leistungen aus den Erträgnissen des im Rahmen des Aufbauplans als Dauerbau wiederhergestellten Gebäudes nicht aufgebracht werden können (§ 3b Abs. 1).

Der Wiederaufbau ist vollendet, sobald das Gebäude bezugsfertig ist (VerwAndg. Ziff. 5). Ein Gebäude ist als bezugsfertig anzusehen, wenn der Bau so weit gefördert ist, daß den zukünftigen Bewohnern oder sonstigen Benutzern zugemutet werden kann, das Gebäude zu beziehen (RBewDV. § 33 Abs. 2 Satz 3).

Berücksichtigt werden nur die Erträgnisse eines im Rahmen des Aufbauplans ausgeführten Dauerbaus. In Ermangelung eines besonderen Aufbauplans gilt der behördlich festgestellte oder genehmigte Bebauungsplan als Aufbauplan. Der Verzicht nach § 3b ist auch dann zulässig, wenn vorher ein Verzicht nach § 3a ausgesprochen ist (VerwAndg. Ziff. 5).

Grundstückserträgnisse sind alle aus einem Grundstück oder grundstücksgleichem Recht oder seinem Zubehör durch eigene Nutzung oder durch Überlassung an Andere erzielten oder gesetzlich erzielbaren Bruttoeinnahmen, besonders Mieten, Pachten, Vergütungen für Einräumung eines Erbbaurechts, einer Dienstbarkeit, eines Nießbrauchs usw. Als Nutzungswert einer eigengenutzten Wohnung oder der einem Anderen unentgeltlich oder unter der ortsüblichen Miete überlassenen Wohnung ist die ortsübliche Miete anzusetzen; in Zweifelfällen ist die örtliche Preisbehörde gutachtlich zu hören. Bei den auf Grund der Kleinsiedlungsbestimmungen geförderten Kleinsiedlungen ist der objektive Nutzungswert anzusetzen (VerwAndg. Ziff. 6).

Als Aufwendungen sind in der Ertragsrechnung zu berücksichtigen (§ 3b Abs. 2)

a) die öffentlichen Lasten,
b) die notwendigen Kosten der Bewirtschaftung,
c) die Verpflichtungen aus umgestellten Grundpfandrechten Dritter,
d) die angemessene Verzinsung und Tilgung der Wiederherstellungskosten,
e) eine angemessene Verzinsung des Eigenkapitals.

Zu den öffentlichen Lasten gehören besonders die Grundsteuern, die Gebühren und Beiträge für die Benutzung gemeindlicher Einrichtungen (Kanalbenutzung, Kehrichtabfuhr, Straßenreinigung, Wasserversorgung usw.), Brand-, Haftpflicht-, Sturm- und Glasversicherungsbeiträge und ähnliche Leistungen, auch soweit sie auf privatrechtlicher Grundlage beruhen (VerwAndg. Ziff. 8).

Die zu berücksichtigenden notwendigen Bewirtschaftungskosten sind in VerwAndg. Ziff. 9 und die anzusetzenden Zinsen ebendort in Ziff. 10 und 11 angegeben. In Ziff. 11 finden sich Beispiele für die Ertragsrechnung.

Bei wiederhergestellten Betriebsgrundstücken, die vom Eigentümer selbst genutzt werden, ist unter Berücksichtigung der gesamten wirtschaftlichen und finanziellen Verhältnisse des Betriebs sinngemäß zu verfahren. Betriebsgrundstück ist der zu einem gewerblichen Betrieb gehörende Grundbesitz, soweit er, losgelöst von seiner Zugehörigkeit zu dem gewerblichen Betrieb, zum Grundvermögen gehören oder einen land- und forstwirtschaftlichen Betrieb bilden würde (RBewG. § 57 Abs. 1).

Der Verzicht erfolgt im Falle des § 3b mit Wirkung vom Beginn des Monats an, in dem mit dem Wiederaufbau begonnen worden ist (Verw.-Andg. Ziff. 13).

Anträge für Wohngrundstücke im Eigentum juristischer Personen sind nicht nach § 3c, sondern nach §§ 3a und 3b zu behandeln (VerwAndg. Ziff. 14).

Dem Eigentümer kann vor Beginn des Aufbaus rechtsverbindlich zugesichert werden, daß auf die Umstellungsgrundschuld verzichtet werden wird, wenn die Voraussetzungen des § 3b gegeben sind; im Falle des Eigentumsübergangs gehen die Rechte aus der Zusicherung auf den neuen Eigentümer über (§ 3d). Die Zusicherung ist in der aus der Anlage zur Verw.-Andg. ersichtlichen Fassung abzugeben (Ziff. 15). Der Antrag ist schriftlich unter Verwendung eines von den Landesregierungen bekanntzugebenden Formblatts bei der Stelle einzureichen, die die Landesregierung für die Einreichung der Erlaßanträge nach 1. DVO. § 5 Abs. 4 bestimmt (Verw.-Andg. Ziff. 16).

III. Gemeinsame Vorschriften

Mit dem Verzicht geht die Grundschuld auf den Eigentümer über. Die Vorschrift des BGB. § **1176** ist entsprechend anzuwenden, d. h. im Falle eines Teilübergangs kann die dem Eigentümer zufallende Grundschuld nicht zum Nachteil der dem Gläubiger verbliebenen Grundschuld geltend gemacht werden. Ist für das umgestellte Recht bestimmt, daß es durch Verzicht des Gläubigers erlischt, so erlischt auch die Umstellungsgrundschuld durch den Verzicht (§ 3e).

Der Verzicht und die verbindliche Zusicherung werden vom Finanzamt oder von einer durch die Landesregierung mit Zustimmung des BMdF. bestimmten anderen Stelle erklärt (§ 3f). Für Bayern ist diese Bestimmung in der Zweiten Anordnung zur Durchführung des SichG. (abgedruckt hier in Abt. I Abschn. A Nr. 21) getroffen.

Wegen der Anrechnug der Zinsen und Tilgungsbeträge von Umstellungsgrundschulden, auf die verzichtet worden ist, auf die allgemeine SH-Abgabe s. Nachtrag 1 zu § 24 (S. 270).

Die Umstellungsgrundschuld ist keine öffentliche Last, und die Zinsen und Tilgungsbeträge sind keine öffentlichen Abgaben, sondern privatrechtliche Leistungen, die im ordentlichen Rechtsweg geltend zu machen sind (s. o. Anm. 3 S. 13/14). Hieraus folgt, daß der Grundeigentümer auch seinen Anspruch auf Verzicht, falls dieser vom FA. abgelehnt wird, vor den ordentlichen Gerichten geltend machen muß.

1a. Zu Anm. 7 (S. 23 f.).

Stundung der Leistungen aus dem SichG.

Da die Umstellungsgrundschulden lediglich zur Sicherung der Ansprüche aus dem künftigen LAG. dienen, werden die Zinsen und Tilgungsbeträge auf Antrag zu stunden sein, falls anzunehmen ist, daß der Grundstückseigentümer dem endgültigen LA. nicht unterliegen wird. Dies trifft jedenfalls dann zu, wenn er nach dem SHG. nicht abgabepflichtig ist (weil sein abgabepflichtiges Vermögen die Besteuerungsgrenze bzw. die Freibeträge nicht übersteigt) und kein Kapitalvermögen besitzt (das möglicherweise zum LA. herangezogen werden wird). Zu berücksichtigen ist hierbei auch, daß das endgültige LAG. voraussichtlich einen allgemeinen Schuldenabzug zulassen und die Besteuerungsgrenze höher festsetzen wird als das SHG. Es wird auch ein Erlaß der Zinsen und eine Aussetzung der Tilgungsbeträge möglich sein, weil in derartigen Fällen die Einziehung eine offenbare Härte bedeuten würde (SichDVO. § 5 Abs. 4).

2. Keine Umstellungsgrundschulden für Angehörige der Vereinten Nationen

Nach der 40. UmstDV. § 2 Nr. 4 (hier abgedruckt in Abt. I Abschn. A Nr. 19) sind im Verhältnis 1 : 1 umgestellt Hypotheken, Grundschulden und Rentenschulden, die bei Ablauf des 20. Juni 1948 Angehörigen der Vereinten Nationen (UmstG. § 13 Nr. 4) zustanden oder an Angehörige der VN. verpfändet oder sicherungshalber abgetreten waren. In diesen Fällen entstehen daher keine Umstellungsgrundschulden (2. SHA.-Sammelerlaß Tz. 27, hier abgedruckt in Abt. I Abschn. A Nr. 23).

Diese Vorschriften werden auf Angehörige solcher Staaten, die den VN. gleichgestellt sind (Nachtrag 1, a Zu SHG. § 6), sinngemäß anzuwenden sein.

Ebenso sind auf Grund einer Anordnung der Besatzungsmächte die Angehörigen der VN. als Grundeigentümer nicht zu den Leistungen nach dem HypSichG. (Zahlung der Zinsen und Tilgungsbeträge) heranzuziehen. Ihnen sind, wie bei der SH.-Abgabe, die Staatsangehörigen der Schweiz, Schwedens und Liechtensteins gleichgestellt (Verf. d. Bayer. FM. vom 13. Januar 1950 B A 16462 I 1180).

3. Abzug der Umstellungsgrundschulden bei der Vermögensteuer und der Erbschaftsteuer

In Niedersachsen, Schleswig-Holstein und Hamburg sind die FÄ. angewiesen, den Abzug weder der Umstellungsgrundschulden noch des Kapitalwerts der Zinsen und Tilgungsbeträge zuzulassen („Der Betrieb" 1950 Nr. 7 S. 77). Demgegenüber hat das FG. Schleswig-Holstein (Urt. vom 20. Januar 1950 II 167/49) entschieden, daß die Umstellungsgrundschulden für die ErbSt. abzuziehen sind. In Rheinland-Pfalz sind nach einer RdVerf. d. MfF. u. WAB. vom 10. März 1950 (MBl. Sp. 179f.) bei der — vorläufig zu veranlagenden — ErbSt. die Umstellungsgrundschulden mit ihrem Nennbetrag abzuziehen, doch sind sie um die Beträge zu kürzen, auf die nach SichG. § 3a oder 3b verzichtet worden ist, und um die Beträge, in deren Höhe die Erben im Innenverhältnis von einem anderen Ersatz der von ihnen auf die Grundschuld entrichteten Leistungen verlangen können. In der Zeitschrift „Der Betrieb" 1950 Nr. 9 S. 103 wird die Ansicht vertreten, daß nicht der Nennwert der Umstellungsgrundschuld, sondern der kapitalisierte Betrag der Zinsen und Tilgungsbeträge abzuziehen sei. Nach unserer Meinung sind die Umstellungsgrundschulden, solange das SichG. gilt, ebenso abzuziehen wie die Hypotheken und Grundschulden, an deren Stelle sie getreten sind.

Nachträge zum SHG.

(Hinter Einleitung Seite 14 einfügen)

4. Abweichungen der Vorschriften in den Ländern der französischen Zone von den Vorschriften der Doppelzone

Württemberg-Hohenzollern

a. Bei Gebietskörperschaften ist auch das landwirtschaftliche Vermögen befreit (§ 5 Nr. 1).

b. „Sind in den Anschaffungs- oder Herstellungskosten Verbrauchssteuern enthalten, für die nach dem Währungsstichtag eine Nachforderung in Deutscher Mark erfolgt ist, so ist der nachgeforderte Betrag von den Anschaffungs- oder Herstellungskosten abzusetzen" (StDVO. § 28 Abs. 1 Nr. 4).

c. Die für Personengesellschaften vorgeschriebene besondere Feststellung des abgabepflichtigen Vermögens ist auch für Erbengemeinschaften und andere Vermögensgemeinschaften zugelassen (StDVO. § 51).

d. In Anlage 2 zur StDVO. werden zu den begünstigten Lebensmitteln auch Eier gerechnet.

Rheinland-Pfalz

a. Sind in den Anschaffungs- oder Herstellungskosten Verbrauchsteuern enthalten, die nach dem Währungsstichtag in DM nacherhoben worden sind, so sind sie von den Anschaffungs- oder Herstellungskosten abzusetzen (StDVO. § 28 Abs. 3).

b. Die Besteuerungsgrenzen und die Freibeträge sind anders geregelt (§ 15):

Der Betrag der allgemeien Besteuerungsgrenze von 3000 DM vermindert sich auf 2500 DM für Abgabepflichtige, die allein oder zusammen mit einem Familienangehörigen veranlagt werden. Er erhöht sich um je 500 DM für den fünften und jeden weiteren Mitveranlagten. Als Mitveranlagte in diesem Sinne gelten auch Abkömmlinge im Sinne des Einkommensteuergesetzes, denen vom Abgabepflichtigen in Erfüllung gesetzlicher Unterhaltspflicht überwiegend Unterhalt gewährt wird.

Durchführungsbestimmungen zu dieser Vorschrift sind in StDVO. § 28a enthalten. Danach sind Abkömmlingen im Sinne der Vorschrift die in § 13 Abs. 1 Nr. 2 Satz 2 genannten Kinder. Eine Unterhaltsgewährung an unterhaltsberechtigte Kinder ist nur zu berücksichtigen

a) bei Kindern, die auf Kosten des Abgabepflichtigen für einen Beruf ausgebildet werden und das 25. Lebensjahr noch nicht vollendet haben. War die Berufsausbildung eines Kindes durch Kriegsteilnahme, Kriegsgefangenschaft oder durch Heilbehandlung eines durch den Krieg verursachten körperlichen Schadens unterbrochen, so wird entsprechend dem hierdurch verursachten Zeitverlust die Unterhaltsgewährung auch über das 25. Lebensjahr hinaus, längstens jedoch bis zur Vollendung des 35. Lebensjahrs des Kindes, berücksichtigt;

b) ohne Rücksicht auf das Lebensalter des Kindes, wenn es außerstande ist, sich selbst zu unterhalten (BGB. § 1602 Abs. 1) und eigenes Vermögen nicht besitzt.

Eine überwiegende Unterhaltsgewährung liegt nicht vor, wenn das unterhaltsberechtigte Kind eigenes Einkommen von mehr als 40 DM im Monat hat.

Die Sonderbesteuerungsgrenze erhöht sich auch für politisch Verfolgte auf 10000 DM (§ 15 Abs. 3).

Der Freibetrag ist für natürliche Personen, deren abgerundetes abgabepflichtiges Vermögen 8000 DM nicht übersteigt, gleich der allgemeinen Besteuerungsgrenze. Der Freibetrag vermindert sich für Vermögen von 8100 DM bis 10000 DM um 1000 DM und für Vermögen von 10100 DM bis 12000 DM um 2000 DM. Bei Vermögen von mehr als 12000 DM kein Freibetrag.

c. In Anlage 2 zur StDVO. (begünstigte Lebensmittel) sind Wein und Obst- und Gemüsekonserven hinzugefügt.

Südbaden

a. Bei Gebietskörperschaften ist auch das landwirtschaftliche Vermögen befreit (§ 5 Nr. 1).

b. Befreit sind ferner Genossenschaften, die der wirtschaftlichen Selbsthilfe der Schwerbeschädigten dienen (§ 5 Nr. 13).

c. Die allgemeine Besteuerungsgrenze erhöht sich für Flüchtlinge und politisch Verfolgte auf 10000 DM. Die erhöhte Sonderbesteuerungsgrenze von 10000 DM gilt auch für politisch Verfolgte (§ 15 Abs. 4).

d. In der Anlage 2 zur StDVO. (begünstigte Lebensmittel) sind statt „Volleipulver" aufgeführt „Eier und Eiererzeugnisse (z. B. Eigelb, Eiweiß, Vollei usw.).

Gemeinsames

In allen 3 Ländern ist in der Anlage 1 zur StDVO. der Umrechnungskurs des Schweizer Franken mit 100 Fr. = 77,43 DM angegeben.

Verzeichnis der Nachträge zum SHG.

§ 1

1. Zu § 1 Anm. 4 (S. 16/17)
   Entstehung der Abgabeschuld.
2. Zu § 1 Anm. 5, a (S. 17).
   Behandlung der SH.-Abgabe im Konkurs.

§ 2

1. Anm. 9. Entstehung der persönlichen Abgabepflicht.
2. Anm. 10. Beendigung der persönlichen Abgabepflicht.
3. Zu Anm. 2 (S. 23/24).
   Persönliche Abgabepflicht. Hamburger Testament.
4. Zu Anm. 4, b, aa (S. 27).
   Zusammenfassung von Betrieben gewerblicher Art.
5. Zu Anm. 4, b, bb (S. 27/28).
   Abgabepflicht von Wasserwerken.
6. Zu Anm. 5, a (S. 30).
   Organgesellschaft.

§ 3

1. Zu Anm. 4, a, aa (S. 50).
   Zum Begriff des Gewerbes.
   a. Schwarzhandel.
   b. Nachhaltigkeit.
2. Zu Anm. 4, d, ee (S. 56).
   Kosten der Trümmerbeseitigung als Betriebsschuld.
3. Zu Anm. 5, b (S. 57).
   Grundstücke als nichtgewerbliches Vorratsvermögen.
4. Zu Anm. 5, b (S. 57/58).
   a. Berichtigung.
   b. Nichtgewerbliches Vorratsvermögen von Personen, die außerhalb des Währungsgebiets ansässig sind.
5. Zu Anm. 5, c (S. 58).
   Anzahlungsforderungen als nichtgewerbliches Vorratsvermögen.
6. Zu Anm. 5, d (S. 58f.).
   Baustoffe als nichtgewerbliches Vorratsvermögen.

§ 4

1. Zu Anm. 1, b (S. 69).
   Betriebsvermögen außerhalb des Währungsgebiets.
2. Zu Anm. 2, a (S. 73).
   Aufwendungen des Mieters für den Ausbau von Geschäftsräumen.
3. Zu Anm. 2, b, cc (S. 78 oben).
   Forderungen aus Anzahlungen, die nicht in Geld bestehen.

d. Berichtigung der SH.-Abgabe bei Wegfall von Pensionsverpflichtungen.
3. Zu Anm. 3, b, bb (S. 112f.).
Zuschüsse zum Deckungskapital von Pensions- und Unterstützungskassen.
4. Zu Anm. 3, b, cc (S. 114).
a. Verbindlichkeiten aus Anzahlungen, die nicht in Geld bestehen.
b. Anzahlungen auf überhöhte Preise.
5. Zu Anm. 4 (S. 115/116).
Nachzahlungsverbindlichkeiten aus Vergleichen über Rückerstattungen.
6. Schulden, die durch richterliche Vertragshilfe herabgesetzt worden sind.

§ 8

Zu Anm. 3 (S. 128).
1. Übernahme von Baukosten durch den Mieter.
2. Grundstücke, deren Erhaltung im öffentlichen Interesse liegt.
3. Berücksichtigung von Fortschreibungen auf den 21. Juni 1948.

§ 9

1. Zu Anm. 1 (S. 132).
a. Begriff der Restitution.
b. Beschlagnahmter Grundbesitz.
2. Zu Anm. 1, a (S. 133).
a. Verbindlichkeit von Milderungserlassen für die Steuergerichte.
b. Ungültigkeit der Beschränkung von Wertfortschreibungen für Grundbesitz wegen Kriegsschäden.
3. Zu Anm. 1, b, aa (S. 134).
Wert, von dem bei der Vermögensteuerveranlagung ausgegangen ist.
4. Zu Anm. 1, b, bb (S. 135/136).
a. Völlig zerstörte Gebäude.
b. Richtlinien des Bay. FM. für Fortschreibungen und Nachfeststellungen von Einheitswerten des Grundbesitzes auf den 21. Juni 1948.
5. Zu Anm. 1, c (S. 136/137).
Druckfehlerberichtigung.
6. Zu Anm. 2 (S. 137).
Unbebaute Grundstücke.

§ 11

1. Zu Anm. 3, a (S. 149).
Anlagevermögen.
a. Musterkollektionen als Anlagegüter.
b. Zur notwendigen Ergänzung des Anlagevermögens bestimmte Vorräte.
2. Zu Anm. 3, b (S. 150).
Begriff der Restitution.

3. Zu Anm. 3, d, aa (S. 154).
Behandlung von Anlagegegenständen, die in der Bilanz fälschlich unter Vorratsvermögen aufgeführt sind. Im eigenen Betrieb hergestellte Anlagegegenstände als Vorratsvermögen.
4. Zu Anm. 4, a (S. 157).
Vorratsvermögen (Eiserner Bestand).
5. Zu Anm. 4, b, bb (S. 159).
Bewertung von Tabakerzeugnissen: Berücksichtigung der Tabaksteuer (Banderolensteuer).
6. Zu Anm. 4, b, bb (S. 166).
Druckfehlerberichtigung.
7. Zu Anm. 4, b, bb (S. 160/161).
Bewertung von Vorratsvermögen bei fallenden Verkaufspreisen.
8. Zu Anm. 5, c, bb (S. 168).
Bewertung von Währungsschulden beim Betriebsvermögen.

§ 13

Zu Anm. 3 (S. 174).
1. Keine Zusammenrechnung mit nicht abgabepflichtigem Vermögen.
2. Einfluß des Konkurses auf die Zusammenrechnung.

§ 15

Zu Anm. 3, c (S. 181/182).
Sonderbesteuerungsgrenze für juristische Personen, an denen Flüchtlinge beteiligt sind.

§ 18

1. Zu Anm. 3, b, aa (S. 200).
Der Umsatz als Maßstab für die Berechnung des Normalbestands.
   a. Kommissionsgeschäft.
   b. Eigenverbrauch, sonstige Leistungen und Hilfsgeschäfte.
   c. Ablieferung von Schiffen auf hoher See.
   d. Grundstückshandel.
   e. Umsatzberechnung, wenn der Betrieb nach dem 1. April 1948 eröffnet oder vor dem 30. November 1948 eingestellt worden ist.
   f. Schwarzhandel (kein Normalbestand).
2. Zu Anm. 3, c, dd (S. 203/204).
Mehrstufige Betriebe der Textilindustrie.
3. Zu Anm. 3, c, ee (S. 204).
Saisonbetriebe.
4. Zu Anm. 3, c, ff (S. 204/205).
Besondere Umsatzverhältnisse.
5. Zu Anm. 3, c, gg (S. 205).
Längere Herstellungs-, Verarbeitungs- oder Lagerungszeit.
   a. Keine Anwendung auf Teile des Vorratsvermögens.
   b. Artbedingte Lagerung.
6. Zu Anm. 4, a (S. 206).
Zum Begriff der Blockierung.

§ 19

§ 20

2. Keine Umstellungsgrundschulden sowie Zinsen und Tilgungsbeträge für Angehörige der Vereinten Nationen.
3. Hinausschiebung von Terminen.

§ 26

1. Zu Anm. 2 (S. **273/274**).
   Abzug der Zinsen und Tilgungsbeträge.
2. Zu Anm. 3 (S. **276**).
   Abzug der Abgabeschuld bei der Vermögensteuer und der Erbschaftsteuer.

§ 28

1. Zu § 28 Nr. 1.
   Art der Entrichtung der SH.-Abgabe im Falle der Bodenreform.
2. Zu Anm. 2 (S. **279/280**).
   Vergünstigungen bei Verpachtung land- und forstwirtschaftlicher Betriebe an Flüchtlinge.

Nachträge zu SHG. § 1

1. Zu § 1 Anm. 4 (S. 16/17).

Entstehung der Abgabeschuld.

Wie in Anm. 4 zu § 1 dargelegt, kann u. E. eine Steuerschuld nicht vor Inkrafttreten des Gesetzes entstehen, das die Steuerpflicht begründet (ebenso unter Berufung auf RFH. Bd. 9 S. 160 Urt. des FG. Niedersachsen v. 25. April 1950 SH. 6/50, „Betriebs-Berater" 1950 Nr. 17 S. 419). Hieraus haben wir gefolgert daß die Abgabeschuld bei der Sonderabgabe und der allgemeinen SH.-Abgabe für das 1. Erhebungsjahr (1. April 1949 bis 31. März 1950) am 18. August 1949 entstanden ist. Im übrigen haben wir angenommen, daß die Abgabeschuld der allgemeinen SH.-Abgabe für jedes Erhebungsjahr mit dessen Beginn (1. April) entsteht. Es wird auch die Ansicht vertreten, daß die Abgabeschuld der allgemeinen SH.-Abgabe für jedes Erhebungsjahr mit Beginn des Kalenderjahrs entstehe, in das der Beginn dieses Erhebungsjahrs fällt („Betriebs-Berater" 1949 Nr. 35/36 S. 736, „Finanz-Rundschau" 1950 Nr. 9 S. 129 f. und das angeführte Urt. des FG. Niedersachsen).

Die Auffassung der Finanzverwaltung, daß die gesamte Abgabeschuld „als am Währungsstichtag entstanden anzusehen" ist, beruht offenbar auf der Erwägung, daß die Abgabepflicht und damit die Abgabeschuld begründet ist, wenn am Währungsstichtag die tatsächlichen Voraussetzungen für ihre Entstehung vorgelegen haben. Unbedingt schlüssig ist diese Folgerung freilich nicht, weil der Zeitpunkt der Entstehung einer Steuerschuld nicht mit dem Stichtag für die Voraussetzungen der Steuerpflicht zusammenzufallen braucht (s. z. B. StAnpG. § 3 Abs. 5 Nr. 2 für die VSt.). Die Rechtslage wäre klar, wenn das SHG. sich Rückwirkung auf den Währungsstichtag beigelegt hätte.

2. Zu § 1 Anm. 5, a (S. 17).

Behandlung der SH.-Abgabe im Konkurs

Die Frage der Behandlung der SH.-Abgabe im Konkurs ist stark umstritten (s. dazu „Deutsche Steuerzeitung" 1950 Nr. 6 S. 93, „Der Betriebs-Berater" 1949 N. 33 S. 685 und 686, Nr. 34 S. 705, Nr. 35/36 S. 736, 1950 Nr. 17 S. 419; „Der Betrieb" 1949 Nr. 50 S. 594, 1950 Nr. 6 S. 65; „Die Wirtschaftsprüfung" 1950 Nr. 5 S. 227; „Finanz-Rundschau 1950 Nr. 9 S. 129 f.).

Geht man davon aus, daß die Abgabeschuld als am Währungsstichtag entstanden anzusehen ist (§ 1 Anm. 4), so sind in einem nach Beginn des Währungsstichtags (also auch am Währungsstichtag selbst) eröffneten Konkursverfahren die SH.-Abgaben Konkursforderungen (KO. § 3 Abs. 1); sie genießen das Vorrecht der KO. § 61 Nr. 2, und zwar nicht nur die im letzten Jahr vor der Konkurseröffnung fällig gewordenen, sondern auch die nach KO. § 65 als fällig geltenden Beträge. Da der Gesamtbetrag der noch zu entrichtenden allgemeinen SH.-Abgabe ungewiß ist,

ist der geschätzte Betrag anzumelden (KO. § 69). Dieser war in einer Besprechung von Vertretern der Verwaltung für Finanzen mit Beauftragten der Länderregierungen und der Oberfinanzpräsidenten für die allgemeine SH.-Abgabe zunächst auf das 4fache des Jahresbetrags bemessen worden („Der Betrieb" 1949 Nr. 34 S. 705, 1950 Nr. 6 S. 65), ebenso in den Rd.-Verfügungen des OFPr. München vom 12. Dezember 1949 LA 8635 — 11 St und vom 26. Januar 1950 S 1230 — 40 St sowie im Erl. des FM. von Niedersachsen v. 27. März 1950, StBl. S. 239). Neuerdings ist diese Vereinbarung dahin geändert worden, daß nur der doppelte Jahresbetrag anzumelden ist, weil nunmehr mit einer baldigen Fertigstellung und Verabschiedung des endgültigen LAG. gerechnet wird. Ebenso ist nach einer Verf. des OFPr. Tübingen vom 22. Dezember 1949 das Doppelte des Jahresbetrags der allgemeinen SH.-Abgabe anzumelden („Der Betrieb" 1950 Nr. 6 S. 65 Fußnote). In Rheinland-Pfalz ist nach dem 4. SHA.-Sammelerlaß vom 18. April 1950 (MinBl. Sp. 319 f.) die SH.-Abgabe mindestens in Höhe der rückständigen und der während des Verfahrens fällig werdenden Beträge zuzüglich eines Jahresbetrags der allgemeinen SH.-Abgabe nach KO. § 61 als bevorrechtigte Forderungen der 2. Ordnung geltend zu machen.

Im Schrifttum werden noch andere Auffassungen vertreten: Es seien als bevorrechtigt anzumelden nur die Teilbeträge des laufenden Erhebungsjahrs und Rückstände („Betriebs-Berater" 1949 Nr. 35/36 S. 736 und Urt. des FG. Niedersachsen v. 25. April 1950 III SH. 6/50, „Betriebs-Berater" 1950 Nr. 17 S. 419) oder nur die bis zur Konkurseröffnung fällig gewordenen Teilbeträge („Betriebs-Berater" 1949 Nr. 33 S. 685) oder nur die innerhalb Jahresfrist vor der Konkurseröffnung fällig gewordenen und vielleicht auch die von der Konkurseröffnung ab bis Ende des Jahres fällig werdenden Raten („Finanz-Rundschau" 1850 Nr. 9 S. 129 f.).

Wenn das Konkursverfahren vor dem Währungsstichtag eröffnet worden ist, sind die — während des Konkursverfahrens fälligen — SH.-Abgaben, wie bereits erwähnt (§ 1 Anm. 5, a), Massekosten (ebenso die angef. RdVerf. d. OFPr. München vom 26. Januar 1950 und 4. SHA.-Sammelerlaß in Rheinland-Pfalz, sowie die überwiegende Ansicht im Schrifttum). Der RFH. hat — im Gegensatz zu Jaeger und wohl nicht mit Recht — sogar die auf die Zeit nach der Konkurseröffnung entfallende Einkommensteuer als Massekosten angesehen (Urt. vom 22. Juni 1938 VI 687/37, Bd. 44 S. 162, 166). Nach der im „Betriebs-Berater" 1949 Nr. 33 S. 685 und Nr. 35/36 S. 736/737 vertretenen Ansicht ist im Falle der Konkurseröffnung nach dem Währungsstichtag der Anspruch auf die SH.-Abgabe überhaupt nicht aus der Konkursmasse zu befriedigen.

Die nach Beendigung des Konkursverfahrens fällig werdenden Teilbeträge der SH.-Abgabe hat der Abgabepfl. weiterzuzahlen.

Die Zusammenrechnung des abgabepflichtigen Vermögens des Gemeinschuldners mit dem abgabepflichtigen Vermögen seines Ehegatten nach SHG. § 13 wird durch die Konkurseröffnung nicht berührt, weil der Gemeinschuldner Eigentümer der Konkursmasse bleibt. In diesen Fällen ist nur der auf das abgabepflichtige Vermögen des Gemeinschuldners entfallende Teil der Abgabe aus der Konkursmasse zu entrichten.

Für das zur Konkursmasse gehörende abgabepfl. Vermögen hat der Konkursverwalter die Vermögensanzeige und die Selbstberechnung nach SHG. § 19 abzugeben, falls es der Gemeinschuldner noch nicht getan hat.

Nachträge zu SHG. § 2

1. Anm. 9. Entstehung der persönlichen Abgabepflicht.

Das SHG. knüpft die persönliche Abgabepflicht an zwei Voraussetzungen:

1. daß am Währungsstichtag die natürliche Person, die für die Abgabepflicht in Betracht kommt, gelebt oder das betreffende Rechtsgebilde (juristische Person, nicht rechtsfähiger Verein, Vermögensmasse u. dgl.) bestanden hat,

2. daß die Rechtspersönlichkeit am Währungsstichtag Eigentümer von abgabepflichtigem Vermögen war.

Infolgedessen wird die Abgabepflicht nicht dadurch berührt, daß nach dem Währungsstichtag und vor dem Inkrafttreten des SHG. (18. August 1949) die natürliche Person verstorben oder das Rechtsgebilde erloschen ist, was der realsteuerartigen Natur der SH.-Abgabe entspricht. Insofern hat das SHG. rückwirkende Kraft, obgleich es sie sich nicht ausdrücklich beilegt.

2. Anm. 10. Beendigung der persönlichen Abgabepflicht.

Die persönliche Abgabepflicht endet allgemein in dem Zeitpunkt, in dem sie mit Inkrafttreten des endgültigen LAG. durch die LA.-Abgabe abgelöst wird.

Die persönliche Abgabepflicht einer natürlichen Person geht mit deren Tod auf den oder die Erben über (s. § 26 Anm. 3 S. 275), also, wenn keine anderen Erben vorhanden sind, auf den Fiskus (BGB. § 1936). Man könnte freilich auch sagen, daß die Abgabepflicht mit dem Tode des Abgabepflichtigen erlischt und nur die Abgabeschuld auf den Erben übergeht, aber eine Abgabeschuld ohne Abgabepflicht ist wohl nicht denkbar; indessen hat diese Frage keine praktische Bedeutung.

Wenn eine Körperschaft ihr gesamtes abgabepflichtiges Vermögen auf eine andere Person überträgt, geht mit der Aufteilung der Abgabeschuld nach StDVO. § 56 (s. § 21 Anm. 2, b S 238/239) auch die Abgabepflicht auf die übernehmende Person über.

Zweifelhaft ist, wann die Abgabepflicht einer Körperschaft endet, die im Wege der Einzelveräußerung ihres gesamten Vermögens liquidiert und nach Ablauf des Sperrjahrs gelöscht wird. Hiervon hängt es ab, welche Beträge die Liquidatoren nach AO. § 106 zur Bezahlung der SH.-Abgabe zurückhalten müssen. Da die SH.-Abgaben lediglich Vorauszahlungen auf die endgültige LA.-Abgabe sind (§ 25), wird es darauf ankommen, wie das endgültige LA.-Gesetz die Abgabepflicht erloschener Körperschaften regelt. Es ist anzunehmen, daß auch gelöschte Körperschaften weiterhin zur LA.-Abgabe herangezogen werden; sonst könnten Körperschaften die Abgabe dadurch umgehen, daß sie sich auflösen und das Unternehmen in anderer Form neu gründen. Daher wird auch die SH.-Abgabepflicht nicht mit dem Erlöschen der Körperschaft enden dürfen. Die Höhe des zurückzuhaltenden Betrags kann natürlich nicht von der Höhe der endgültigen LA.-Abgabe abhängig gemacht werden, solange diese noch gar nicht zu übersehen ist; es steht ja noch nicht einmal fest, wie die endgültige LA.-Abgabe überhaupt aussehen wird. Nach einer Besprechung von Vertretern der Verwaltung für Finanzen mit Beauftragten der Länderregierungen und der Oberfinanzpräsidenten war zunächst der 4fache Jahresbetrag der allgemeinen SH.-Abgabe zurückzuhalten („Der Betriebs-Berater" **1949** Nr. **34** S. **705**, „Der Betrieb" **1950** Nr. **6** S. **65**). Entsprechende Anordnungen sind in Niedersachsen, Schleswig-Holstein und Bremen ergangen („Der Betrieb" **1950** Nr. **7** S. **77**). Neuerdings ist dieser Betrag auf den doppelten Jahresbetrag ermäßigt worden, weil nunmehr mit einer baldigen Fertigstellung und Verabschiedung des endgültigen LAG. gerechnet wird.

In Rheinland-Pfalz haben nach dem **4**. SHA.-Sammelerlaß vom **18**. April **1950** (MinBl. Sp. **319f**.) Ziff. **7** bei der Liquidation abgabepflichtiger Körperschaften, Personenvereinigungen und Vermögensmassen die Liquidatoren neben der Zahlung der während des Zeitraums der Abwicklung fällig werdenden Abgaberaten Sicherheit in Höhe des **3**fachen Jahresbetrags der allgemeinen SH.-Abgabe zu leisten*).

Im „Betriebs-Berater" **1949** Nr. **31** S. **640/641** wird die Ansicht vertreten, daß die Zahlungspflicht mit Beendigung der Liquidation aufhöre.

S. auch Nachtrag zu § 1 (Konkurs) und Nachtrag **2**, c zu § **26** (Erbschaftsteuer).

3. Zu § 2 Anm. 2 (S. 23/24).

Persönliche Angabepflicht. Hamburger Testament.

Die persönliche Abgabepflicht (richtiger: die steuerliche Rechtsfähigkeit) der sog. „Hamburger Testamente" — nach altem Hamburger Recht begründete Nachlässe mit einer gewissen rechtlichen Selbständigkeit — hängt davon ab, ob die Nachlaßmasse im Einzelfall als (nicht rechtsfähige) Stiftung oder als bloße Erbengemeinschaft anzusehen ist. Der RFH. hat in den Urteilen vom **29**. April **1941** I **402/40** (Bd. **50** S. **168** = RStBl. **1941** S. **505**) und vom **28**. Oktober **1941** I **142/41** (Bd. **51** S. **95** = RStBl. **1941** S. **911**) Hamburger Testamente für nicht rechtsfähige Stiftungen erklärt. Diese (zur KörpSt. ergangenen) Urteile sind auch für die SH.-Abgabe anzuwenden (RdErl. d. BMdF. vom **23**. Dezember **1949** LA **8501** — **15/49**).

4. Zu § 2 Anm. 4, b, aa (S. 27).

Zusammenfassung von Betrieben gewerblicher Art.

Wenn mehrere Betriebe gewerblicher Art einer Stadt (z. B. ein Gaswerk, ein Elektrizitätswerk und ein Wasserwerk) finanziell, wirtschaftlich

*) Dagegen kann für die Preisprüfung bei Grundstücksverkäufen, bei denen der Käufer die LA.-Abgabe übernommen hat, nach einer Anordnung des Wirtschaftsministeriums von Württemberg-Baden das 12 ½fache des Jahresbetrags der allgemeinen SH.-Abgabe (RBewG. § 12 Abs. 2) als Kapitalwert der LA.-Abgabe angesetzt werden („Der Betriebs-Berater" 1949 Nr. 30 S. 306, Nr. 35/36 S. 736). Ebenso für die GrErwSt. RdVerf. des FM. Rheinland-Pfalz vom 27. Januar 1950 (MinBl. Sp. 87 f.) und RdVerf. des OFPr. München vom 15. Februar 1950 S 4 600 — 29 St.

und organisatorisch zu einem einheitlichen Betrieb „Stadtwerke" zusammengefaßt sind, unterliegt der Gesamtbetrieb einheitlich der Abgabepflicht (RFH. vom 5. März **1942** III **30/42**, Bd. 51 S. **261** = RStBl. **1942** S. **419**, ergangen zur Aufbringungsumlage).

5. Zu § 2 Anm. 4, b, bb (S. 27/28).

Abgabepflicht von Wasserwerken.

Versorgungsbetriebe gehören nach 1. KörpStDV. § 2 Abs. 1 zu den werbenden Betrieben. In GrStRL. Abschn. **12** ist noch ausdrücklich klargestellt, daß bei Wasserwerken ein öffentlicher Dienst oder Gebrauch nicht anzunehmen ist. Der BMdF. hat sich jedoch im (nicht veröffentlichten) RdErl. vom 22. Dezember **1949** LA **8635** — **11/49** bis auf weiteres damit einverstanden erklärt, daß von der Erhebung der SH.-Abgabe bei solchen Wasserwerken abgesehen wird, die für das Rumpfrechnungsjahr vom **21.** Juni **1948** bis zum **31.** März **1949** in ihrem von der Gemeindeaufsichtsbehörde bestätigten Abschluß keinen höheren Überschuß als 500 DM ausweisen. Das gilt jedoch nicht für Unternehmen, die in der Rechtsform einer Kapitalgesellschaft betrieben werden.

Gegen Gruppenwasserwerke soll bis zum Erlaß besonderer Anordnung wegen der SH.-Abgabe nichts unternommen werden, es sei denn, daß diese Unternehmen in der Rechtsform einer Kapitalgesellschaft betrieben werden oder daß sie in dem maßgebenden Rumpfrechnungsjahr mit einem verhältnismäßig hohen Überschuß abgeschlossen haben.

6. Zu § 2 Anm. 5, a (S. 30).

Organgesellschaft.

Eine Tochtergesellschaft kann im Rahmen ihrer eigentlichen Zweckbestimmung nicht Treuhänder ihrer Muttergesellschaft sein (OFH. vom 26. August **1949** III **19/49** S, BayFMAmtsbl. S. **369**).

Nachträge zu SHG. § 3

1. Zu § 3 Anm. 4, a, aa (S. 50).

Begriff des Gewerbes.

a. Schwarzhandel.

Auch eine unsittliche oder eine gesetzlich verbotene und strafbare Tätigkeit, z. B. Schwarzmarktgeschäfte, kann ein Gewerbe sein (OFH. vom 28. Oktober 1949 IV 39/49 U, BayFMAmtsbl. S. 465).

b. Nachhaltigkeit.

Wer nachhaltig, d. h. während einer gewissen Dauer eine Vielzahl von auf Gewinn gerichteten Handlungen ausführt, betreibt ein Gewerbe auch dann, wenn er von vornherein nur für eine vorübergehende Zeitdauer tätig werden will (OFH. vom 31. Januar 1949 IV 18/48 S, BayFMAmtsbl. S. 129).

2. Zu § 3 Anm. 4, d, ee (S. 56).

Kosten der Trümmerbeseitigung als Betriebsschuld.

Kosten, die dem Stpfl. nach dem Stand vom Bewertungsstichtag für die Wegräumung von Trümmern aus Kriegszerstörungen erwachsen, können eine den Wert des Betriebsvermögens mindernde Last sein; Rückstellungen für solche Kosten sind Schulden i. S. des RBewG. § 62 (OFH. vom 11. Mai 1949 III 11/49, BayFMAmtsbl. S. 180). Ein Abzug beim abgabepfl. Betriebsvermögen ist aber nicht zulässig (§ 7).

3. Zu § 3 Anm. 5, b (S. 57).

Grundstücke als nichtgewerbliches Vorratsvermögen.

In Anm. 5, b ist gesagt, daß auch Grundstücke zum nichtgewerblichen Vorratsvermögen gehören können, wie sich aus StDVO. § 24 ergebe. In dieser Vorschrift wird allerdings nur von „Betriebsgrundstücken" gesprochen. Betriebsgrundstück ist aber jeder zu einem gewerblichen Betrieb, d. h. zum Betriebsvermögen (RBewG. § 54 Abs. 1) gehörige Grundbesitz, soweit er, losgelöst von seiner Zugehörigkeit zum gewerblichen Betrieb, entweder zum Grundvermögen gehören oder einen land- und forstwirtschaftlichen Betrieb bilden würde (RBewG. § 57 Abs. 1). Da nun das nichtgewerbliche Vorratsvermögen als Betriebsvermögen gilt (SHG. § 3 Abs. Nr. 3 Satz 2), sind die zu ihm gehörigen Grundstücke „Betriebsgrundstücke". Die Möglichkeit, Grundstücke als nichtgewerbliches Vorratsvermögen zu behandeln, entspricht auch dem Zweck des SHG., alle in der RM-Zeit zur Hortung angeschafften Wirtschaftsgüter der Sonderabgabe zu unterwerfen; es besteht kein Grund, hiervon für Grundstücke eine Ausnahme zu machen.

4. Zu § 3 Anm. 5, b (S. 57/58).

a. Berichtigung.

Auf S. 58 ist der Satz („Die Vorschrift . . . . .") hinter den folgenden Satz („Andererseits . . . .") zu stellen.

b. Nichtgewerbliches Vorratsvermögen von Personen, die außerhalb des Währungsgebiets ansässig sind.

Allerdings ist nach dem RBewG. (§ 54 Abs. 1) Betriebsvermögen dasselbe wie gewerblicher Betrieb. Aber die Vorschrift des SHG. § 4 Abs. 1 Satz 2 über die Betriebsstätte und den gesetzlichen Vertreter paßt nicht auf das nichtgewerbliche Vorratsvermögen, d. h. dieses ist kein gewerblicher Betrieb im Sinne der genannten Vorschrift.

5. Zu § 3 Anm. 5, c (S. 58).

Anzahlungsforderungen als nichtgewerbliches Vorratsvermögen.

Im 2. SHA.-Sammelerlaß vom 22. Dezember 1949 (hier abgedruckt in Abt. I Abschn. A Nr. 23) Tz. 1 heißt es, daß Zahlungen, die Nichtgewerbetreibende oder Gewerbetreibende außerhalb ihres Gewerbebetriebs an Gewerbetreibende vor dem Währungsstichtag für nach diesem Tage gelieferte Waren geleistet haben, als Forderungen aus Anzahlung (§ 4 Abs. 3 Nr. 2) zum nichtgewerblichen Vorratsvermögen des Käufers (Bestellers) zu rechnen seien, wie sich bei sinngemäßer Anwendung des § 3 Abs. 1 Nr. 3 Satz 2 ergebe.

Diese Bemerkung bedarf einer Einschränkung. Nach StDVO. § 27 Abs. 1 Nr. 1, b gehören Anzahlungsforderungen dann — und nur dann — zum Vorratsvermögen, also auch zum nichtgewerblichen Vorratsvermögen (SHG. § 11 Nr. 3 Abs. 3), wenn das Wirtschaftsgut, für das die Anzahlung geleistet ist, nach der Lieferung zum (gewerblichen oder nichtgewerblichen) Vorratsvermögen des Bestellers (Gläubigers) gehört. Sonst müßte z. B. ein Privatmann, der vor dem Währungsstichtag bei einem Möbelhändler Möbel für seine Wohnung gekauft und darauf eine Anzahlung von mehr als 500 RM geleistet, die Möbel aber erst nach dem Währungsstichtag erhalten hat, eine allgemeine SH.-Abgabe von 3% und eine Sonderabgabe von 15%, im ganzen als 18% des angezahlten Betrags entrichten. Daß dies nicht dem Zweck des Gesetzes entspräche, bedarf wohl keiner Erörterung.

6. Zu § 3 Anm. 5, d (S. 58 f.).

Baustoffe als nichtgewerbliches Vorratsvermögen.

In der Zeitschrift „Der Betrieb 1949 Nr. 50 S. 594 wird die Ansicht vertreten, daß Baustoffe zum Bau eines Mietwohnhauses oder eines Geschäftshauses (nicht aber eines Einfamilienhauses) als nichtgewerbliches Vorratsvermögen anzusehen seien, weil es sich um „ähnliche Zwecke" handele. Derartige Baustoffe gehören u. E. nicht zum nichtgewerblichen Vorratsvermögen, da unter „ähnlichen Zwecken" nur eine (entgeltliche) Veräußerung zu verstehen ist, nicht jedoch eine ertragbringende Vermögenslage.

Nachträge zu SHG. § 4

1. Zu § 4 Anm. 1, b (S. 69).

Betriebsvermögen außerhalb des Währungsgebiets.

Wie sich aus § 4 Abs. 1 ergibt, unterliegt das außerhalb des Währungsgebiets belegene Betriebsvermögen nicht der Abgabepflicht. Da nach § 4 Abs. 1 Satz 2 als „im Währungsgebiet belegenes" Betriebsvermögen, falls sich im Währungsgebiet weder der Sitz noch die Geschäftsleitung des Unternehmens befindet, nur das Betriebsvermögen gilt, für das im Währungsgebiet eine Betriebsstätte unterhalten wird oder ein ständiger Vertreter bestellt ist, wird andererseits auch nur das Betriebsvermögen als außerhalb des Währungsgebiets belegen anzusehen sein, für das außerhalb des Währungsgebiets eine Betriebsstätte oder ein ständiger Vertreter vorhanden ist. Daher werden die zu einem abgabepflichtigen Unternehmen gehörenden Wirtschaftsgüter, die sich außerhalb des Währungsgebiets befinden, aber in keinem Zusammenhang mit einer Betriebsstätte oder einem ständigen Vertreter außerhalb des Währungsgebiets stehen, zum abgabepflichtigen Betriebsvermögen zu rechnen sein, z. B. Werkzeuge zur Ausführung von Reparaturen, Waren, die einem Kunden zur Ansicht geschickt worden sind oder deren Annahme der Kunde verweigert hat, in der Versendung begriffene Waren u. dgl.

2. Zu § 4 Anm. 2, a (S. 73).

Aufwendungen des Mieters für den Ausbau von Geschäftsräumen.

Wenn sich ein Mieter Geschäftsräume (z. B. einen Laden) auf eigene Kosten ausbaut, gehört der hierfür aufgewendete Betrag nicht zum abgabepflichtigen Betriebsvermögen des Mieters (2. SHA.-Sammelerlaß Tz. 2, hier abgedruckt in Abt. I Abschn. A Nr. 23).

3. Zu § 4 Anm. 2, b, cc (S. 78 oben).

Forderungen aus Anzahlungen, die nicht in Geld bestehen.

Zum abgabepflichtigen Betriebsvermögen werden auch solche Anzahlungsforderungen zu rechnen sein, bei denen die Anzahlung nicht in Geld besteht, sondern, wie bei Kompensationsgeschäften, in Sachgütern. Entsprechendes gilt für Anzahlungsschulden.

4. Zu § 4 Anm. 2, c (S. 81).

Forderungen, die sich auf nicht im Einheitswert enthaltene Anlagegegenstände beziehen.

Wir haben die Ansicht vertreten, daß Forderungen (Währungsforderungen, Forderungen aus Anzahlung, Schadensersatz- und Gewährleistungsansprüche) und die entsprechenden Schulden nur dann beim abgabepflichtigen Betriebsvermögen zu berücksichtigen sind, wenn sie mit Gegenständen in wirtschaftlichem Zusammenhang stehen, die zum abgabepflichtigen Betriebsvermögen gehören. Hieraus wird zu folgern sein, daß Forderungen und Schulden, die sich auf Anlagegegenstände beziehen, die zwar am Währungsstichtag vorhanden, aber nicht im maßgebenden Einheitswert enthalten waren (s. § 11 Anm. 3, d, aa), nicht beim abgabepflichtigen Betriebsvermögen anzusetzen sind. Andererseits sind im umgekehrten Fall, wenn im Einheitswert enthaltene Anlagegegenstände nach dem Feststellungszeitpunkt aus dem Betriebsvermögen ausgeschieden sind, die mit ihnen zusammenhängenden Forderungen und Schulden, soweit sie am Währungsstichtag noch bestanden, beim abgabepflichtigen Betriebsvermögen anzusetzen (s. § 11 Anm. 3, d, bb, S. 156).

5. Zu § 4 Anm. 2, e (S. 82).

Anzahlungen auf überhöhte Preise.

Sind vor dem Währungsstichtag Lieferungen oder Leistungen zu überhöhten Preisen (Schwarzmarktpreisen) vereinbart und darauf Anzahlungen geleistet worden, so sind auf diese Anzahlungen die Grundsätze der StDVO. § 28 Abs. 1 Nr. 1 sinngemäß anzuwenden, d. h. sowohl die Forderungen als auch die Verbindlichkeiten aus derartigen Anzahlungen sind nur mit dem Bruchteil anzusetzen, der sich aus dem Verhältnis des gesetzlich zulässigen Preises zu dem vereinbarten (überhöhten) Preis ergibt (2. SHA.-Sammelerlaß Tz. 13, hier abgedruckt in Abt. I Abschn. A Nr. 23).

6. Zu § 4 Anm. 2, e (S. 82).

Forderungen, die durch richterliche Vertragshilfe herabgesetzt worden sind, werden mit dem herabgesetzten Betrag angesetzt.

Nachträge zu SHG. § 5

1. Zu § 5 Anm. 2, a (S. 85).

Körperschaften des öffentlichen Rechts.

a. Industrie- und Handelskammern, Handwerkskammern, Landwirtschaftskammern, Rechtsanwaltskammern, Ärztekammern, Innungen, Kreishandwerkerschaften und ähnliche Organisationen sind auch in den Ländern (z. B. in der amerikanischen Zone), in denen sie nicht mehr Körperschaften des öffentlichen Rechts sind, aus Gründen der steuerlichen Gleichmäßigkeit bei der SH.-Abgabe wie solche zu behandeln. Als öffentlicher Dienst ist die Erfüllung der Aufgaben anzusehen, die den bezeichneten Vertretungen üblicherweise obliegen (2. SHA. — Sammelerlaß Tz. 3, hier abgedruckt in Abt. I Abschn. A Nr. 23).

b. In Württemberg-Hohenzollern und Baden ist auch das landwirtschaftliche Vermögen von Gebietskörperschaften befreit.

2. Zu § 5 Anm. 2, e (S. 87/88).

Personenomnibusverkehr der Deutschen Post.

Nach der RdVerf. des MfF. u. WAB. für Rheinland-Pfalz vom 10. November 1949 (MinBl. Sp. 765f.) erstreckt sich die Ausnahme von der Befreiung für den Personenomnibusverkehr der Deutschen Post, obgleich sie ausdrücklich nur für Grundbesitz ausgesprochen ist, auf den gesamten Personenomnibusbetrieb, da dieser ein Betrieb gewerblicher Art sei. Dieser mit dem klaren Wortlaut des Gesetzes in Widerspruch stehenden Auslegung können wir nicht zustimmen. Die Deutsche Post ist mit ihrem für Betriebs- oder Verwaltungszwecke unmittelbar benutzten Vermögen befreit, und dazu gehören auch die dem Personenomnibusverkehr dienenden Betriebsmittel.

3. Zu § 5 Anm. 2, h (S. 89f.).

Unternehmungen mit Ausgleichsforderungen.

a. Versicherungsunternehmen.

Die hier in Betracht kommenden Vorschriften der 23. UmstDV. sind durch die 43. UmstDV. (Verordnung über Eigenkapital und DM-Eröffnungsbilanz der Versicherungsunternehmen) vom 10. Januar 1950 (Bundesanzeiger Nr. 16 vom 24. Januar 1950) § 21 Nr. 2, 4 und 5 folgendermaßen geändert.

2. § 6 Abs. I A Buchst. e) erhält folgende Fassung:

„e) als vorläufiges Eigenkapital bei Lebensversicherungsunternehmen fünf Deutsche Mark, bei Versicherungsunternehmen anderer Art zehn Deutsche Mark für je hundert Deutsche Mark des sich aus Buchst. a) bis d) ergebenden Gesamtbetrages. Statt dessen können Lebensversicherungsunternehmen zwanzig Deutsche Mark für je hundert Reichsmark des früheren Eigenkapitals (§ 13 Abs. 4), soweit dieses 300000 Reichsmark nicht übersteigt, und zehn Deutsche Mark für je hundert Reichsmark des 300000 Reichsmark übersteigenden Teils

des früheren Eigenkapitals, Versicherungsunternehmen anderer Art zwanzig Deutsche Mark für je hundert Reichsmark des früheren Eigenkapitals als vorläufiges Eigenkapital in die Umstellungsrechnung einstellen."

4. § 13 Abs. 3 und 4 erhält folgende Fassung:

„(3) Würde hierbei jedoch das Eigenkapital einen höheren Betrag erreichen als hundert Deutsche Mark für je hundert Reichsmark des früheren Eigenkapitals, so fällt der Überschuß dem Lande zu, in dem das Unternehmen seinen Sitz hat. Die Aufsichtsbehörde bestimmt, in welcher Weise der Überschuß an das Land abzuführen ist. Satz 1 gilt nicht für ausländische Versicherungsunternehmen, die im Währungsgebiet einen Hauptbevollmächtigten haben.

(4) Früheres Eigenkapital im Sinne des § 6 Abs. I A Buchst. e) und des § 13 Abs. 3 ist das in der Reichsmarkbilanz vom 20. Juni 1948 ausgewiesene eingezahlte Aktienkapital, der eingezahlte Gründungsstock, bei öffentlich-rechtlichen Versicherungsunternehmen der Garantiefonds oder ein sich aus dem Gesetz oder der Satzung ergebender entsprechender Posten, die gesetzliche Rücklage und alle anderen Rücklagen, die zur Deckung von Verlusten oder zum Ausgleich von Wertminderungen herangezogen werden können, ferner die Rückstellung für Beitragsrückerstattungen an Versicherte, soweit sie zur Deckung von Verlusten herangezogen werden konnte. Eigene Aktien oder Geschäftsanteile und ein etwaiger Verlustvortrag sind von dieser Summe abzusetzen. Ein Gewinnvortrag ist dieser Summe hinzuzusetzen. Das frühere Eigenkapital ist mit dem Teil einzusetzen, der dem Verhältnis der Prämieneinnahme im Währungsgebiet zur Prämieneinnahme im amerikanischen, britischen und französischen Sektor von Berlin im letzten vollen Geschäftsjahr vor dem 21. Juni 1948 entspricht. Bei ausländischen Versicherungsunternehmen, die im Währungsgebiet einen Hauptbevollmächtigten haben, gilt als früheres Eigenkapital der in der Aufstellung der Vermögenswerte und Verbindlichkeiten im Währungsgebiet auf den 20. Juni 1948 ausgewiesene Überschuß der Aktiven über die Passiven."

5. Dem § 13 wird folgender Abs. 5 angefügt:

„(5) Versicherungsunternehmen, die für die Zeit nach dem 8. Mai 1945 bis zum 20. Juni 1948 nicht zur Körperschaftsteuer veranlagt werden, können Beträge aus der Auflösung stiller Reserven in der Reichsmarkschlußbilanz nur insoweit dem früheren Eigenkapital zurechnen, als dies bei einer Veranlagung zur Körperschaftsteuer möglich gewesen wäre."

b. Bausparkassen

Die hier in Betracht kommenden Vorschriften der 33. UmstDV. sind durch die 44. UmstDV. (Verordnung über Eigenkapital und DM-Eröffnungsbilanz der Bausparkassen) vom 10. Januar 1950 (Bundesanzeiger Nr. 17 vom 25. Januar 1950 (§ 1 Nr. 1, 2 und 3 folgendermaßen geändert:

1. der bisherige § 4 wird § 4 Abs. 1.

2. § 4 Abs. 1 A Buchst. d) erhält folgende Fassung:

„d) als vorläufiges Eigenkapital zwanzig Deutsche Mark für je hundert Reichsmark des früheren Eigenkapitals, soweit dieses 300000 Reichsmark

nicht übersteigt, und zehn Deutsche Mark für je hundert Reichsmark des 300000 Reichsmark übersteigenden Teils des früheren Eigenkapitals. Statt dessen können Bausparkassen, wenn sich dabei ein höherer Betrag ergibt, fünf Deutsche Mark für je hundert Deutsche Mark, öffentlich-rechtliche Bausparkassen, für die öffentlich-rechtliche Gewährträger haften, jedoch nur drei Deutsche Mark für je hundert Deutsche Mark der unter Buchst. a) bis c) fallenden Posten als vorläufiges Eigenkapital in die Umstellungsrechnung einstellen."

3. Dem § 4 werden folgende Absätze 2 und 3 angefügt:

„(2) Früheres Eigenkapital im Sinne des Abs. 1 A Buchst. d) ist die Summe der Beträge, die die Bausparkassen in ihrer Reichsmarkschlußbilanz als eingezahltes Kapital sowie als gesetzliche und andere Rücklagen ausgewiesen haben. Eigene Aktien oder Geschäftsanteile und ein Verlustvortrag oder Ausgleichs- oder Übergangsposten auf der Aktivseite der Bilanz sind von dieser Summe abzusetzen. Andererseits ist ein Gewinnvortrag oder Ausgleichs- oder Übergangsposten auf der Passivseite der Bilanz dieser Summe hinzuzusetzen. Der sich danach ergebende Betrag erhöht sich um die seit dem 1. Januar 1945 nicht mehr vergüteten, aber im Bilanzausweis berücksichtigten Habenzinsen und vermindert sich um die seit dem 1. Januar 1945 nicht mehr eingegangenen, aber im Bilanzausweis berücksichtigten Zinsen für Schuldverschreibungen und andere Verbindlichkeiten des Reiches und für Guthaben bei Geldinstituten.

(3) Bei öffentlich-rechtlichen Bausparkassen gilt als eingezahltes Kapital im Sinne von Abs. 2 das Stamm- oder Betriebskapital oder der Organisationsfonds als gesetzliche Rücklage die Sicherheitsrücklage."

4. Zu § 5 Anm. 2, i (S. 93).

Gemeinnützigkeit.

a. Richtlinien zur Durchführung der Gemeinnützigkeitsverordnung (StAnpDV.) enthält das Rundschreiben des Direktors der Verwaltung für Finanzen vom 15. September 1949 (Ministerialblatt des Bundesministeriums der Finanzen 1949/50 Nr. 1 vom 21. Dezember 1949, hier abgedruckt in Abt. I Abschn. B Nr. 10).

b. Wir hatten (S. 94) darauf hingewiesen, daß die Begriffsbestimmung des „wirtschaftlichen Geschäftsbetriebs" in StAnpDV. (Gemeinnützigkeitsverordnung) § 7 Abs. 3, soweit sie das Fehlen einer Gewinnabsicht verlangt, ungünstig ist. Diese Auffassung hat nunmehr der OFH. im Urt. v. 25. Februar 1950 I 8/49 S (BayFMAmtsbl. S. 147) bestätigt.

5. Zu § 5 Anm. 2, k (S. 95).

Reichsheimstätten und Arbeiterwohnstätten (GrStG. § 29) sind nicht von der SA.-Abgabe befreit; befreit sind nur die Ausgeber von Reichsheimstätten (2. SHA.-Sammelerlaß Tz. 4, hier abgedruckt in Abt. I Abschn. A Nr. 23).

6. Zu § 5 Anm. 2, m (S. 98).

Zur Anwendung der Befreiungsvorschrift des § 5 Nr. 11.

Der Anspruch auf Unterhaltshilfe kann trotz Besitz gewisser Vermögenswerte gegeben sein (SHDVO. § 35). Im RdErl. vom 2. Dez. 1949 (hier abgedruckt in Abt. I Abschn. A Nr 22, s. Nachtrag 1, b zu § 22) sind für die Stundung Anordnungen darüber gegeben, in welchen Fällen eine Veräußerung von Vermögenswerten nicht als zumutbar anzusehen ist. Diese Regeln gelten auch für die Anwendung des § 5 Nr. 11. Hiernach werden zahlreiche kleine Grundeigentümer (Eigenheimbesitzer) als abgabefrei zu behandeln sein, namentlich alte, gebrechliche oder sonst erwerbsunfähige oder schwerbeschädigte Personen, z. B. Bezieher kleiner Renten (2. SHA.-Sammelerlaß Tz. 5, hier abgedruckt in Abt. I Abschn. A Nr. 23).

7. Nach dem badischen SHG. (§ 5 Nr. 13) sind auch Genossenschaften, die der wirtschaftlichen Selbsthilfe der Schwerbeschädigten dienen, von der SH.-Abgabe befreit.

8. Wegen der Abwälzung der allgemeinen SH.-Abgabe auf befreite Personen s. Nachtrag 1 zu § 23.

9. Zum Schuldenabzug bei befreiten Personen s. § 7 Anm. 2, a (S. 107) und Nachtrag 1, a zu § 7.

Nachträge zu SHG. § 6

1. Zu § 6 Anm. 1 (S. 101).

a. Gleichstellung mit Angehörigen der Vereinten Nationen.

Der RdErl. vom 25. August 1949 betr. Stundung der SH.-Abgabe für Schweizer Staatsangehörige (hier abgedruckt in Abt. I Abschn. A Nr. 16) ist nach dem RdErl. des BMdF. vom 10. November 1949 LA 8518 — 10/49 auf die Angehörigen des Fürstentums Liechtenstein entsprechend anzuwenden. Gegen schwedische Staatsangehörige, die die Vermögensanzeige und die Selbstberechnung nicht abgegeben und die SH.-Abgabe nicht entrichtet haben, soll bis auf weiteres von allen Maßnahmen abgesehen werden. Dagegen kommt eine entsprechende Anwendung der für die Schweiz geltenden Anordnungen auf argentinische Staatsangehörige nicht in Betracht.

b. Mehrfache Staatsangehörigkeit.

Auf Personen, die neben der Staatsangehörigkeit einer der Vereinten Nationen (VN.) auch die deutsche Staatsangehörigkeit besitzen, ist nach dem 2. SHA.-Sammelerlaß Tz. 6 (hier abgedruckt in Abt. I Abschn. A Nr. 23) die Befreiungsvorschrift des § 6 nicht anwendbar, weil nach anerkannten völkerrechtlichen Grundsätzen Personen, die neben der Staatsangehörigkeit des eigenen Landes eine fremde Staatsangehörigkeit besitzen, im eigenen Lande ohne Rücksicht auf die andere Staatsangehörigkeit wie eigene Staatsangehörige zu behandeln sind. *Böhmer* (Doppelte Staatsangehörigkeit und Soforthilfe, „Der Betrieb" 1950 Nr. 15 S. 179) ist gegenteiliger Ansicht.

Eine doppelte Staatsangehörigkeit ist möglich,

wenn ein Kind deutscher Eltern in einem Land geboren ist, in dem ohne weiteres die Staatsangehörigkeit des Geburtslands erworben wird (Territorialitätsprinzip),

wenn eine Ausländerin einen Deutschen geheiratet und ihre bisherige Staatsangehörigkeit durch Erklärung vor der zuständigen Heimatbehörde aufrechterhalten hat,

wenn ein Ausländer die deutsche Staatsangehörigkeit erworben hat, ohne nach dem Recht seines Heimatstaats dadurch seine bisherige Staatsangehörigkeit zu verlieren.

Ob in derartigen Fällen eine Befreiung nach § 6 gerechtfertigt ist und sich die Besatzungsmächte für eine solche einsetzen werden, erscheint uns doch zum mindesten recht zweifelhaft.

Die Befreiung wird aber natürlich nicht dadurch ausgeschlossen, daß ein Angehöriger der VN. noch die Staatsangehörigkeit eines neutralen, nicht zu den VN. gehörenden Staats besitzt.

c) Ehen zwischen Angehörigen der Vereinten Nationen (AVN.) und Deutschen.

Eine Deutsche verliert nach deutschem Recht durch die Eheschließung mit einem Ausländer die deutsche Staatsangehörigkeit. Bis zum Erwerb der Staatsangehörigkeit ihres Ehemanns ist sie staatenlos. Unter welchen

Voraussetzungen sie diese Staatsangehörigkeit erwirbt, hängt von dem in Betracht kommenden ausländischen Recht ab. Daher muß, wenn eine Deutsche mit einem AVN. verheiratet ist, geprüft werden, ob sie vor dem 8. Mai 1945 die Staatsangehörigkeit ihres Mannes erworben hat.

Eine Ausländerin erwirbt durch die Heirat mit einem Deutschen die deutsche Staatsangehörigkeit. Ob sie daneben nach dem Recht ihres Heimatsstaats ihre bisherige Staatsangehörigkeit behält, ist nach der im 2. SHA.-Sammelerlaß vertretenen Auffassung bedeutungslos.

Im übrigen wird zu diesen Fragen auf den RdErl. des BMdF. vom 23. März 1950 (hier abgedruckt in Abt. I Abschn. A Nr. 24) verwiesen.

2. Zu § 6 Anm. 3 (S. 104).

Stichtag für den Besitz des befreiten Vermögens.

a. Wir haben die Ansicht vertreten, daß die Befreiung nur für solches Vermögen gewährt wird, das sich bereits am 8. Mai 1945 im Eigentum eines Angehörigen der VN. befunden hat. Diese Auffassung wird im RdErl. des BMdF. vom 17. November 1949 LA 8518 — 23/49 geteilt. Daher sind z. B. DPs. mit ihren Grundstücken und gewerblichen Betrieben, die sie am Währungsstichtag im Währungsgebiet hatten, aber erst nach dem 8. Mai 1945 erworben haben, zur SH.-Abgabe heranzuziehen.

Dies gilt jedoch, wie der RdErl. vom 5. März 1950 LA 8449 — 19/50 klarstellt, nur für die Grundstücke und gewerblichen Betriebe als selbständige wirtschaftliche Einheiten, nicht also für Gegenstände, die zu dem Vermögen einer bereits am 8. Mai 1945 im Besitz des Angehörigen einer der VN. befindlich gewesenen wirtschaftlichen Einheit hinzuerworben sind, z. B. durch Vergrößerung eines Grundstücks, Neubauten, Erwerb eines Betriebsgrundstücks, Vermehrung des Maschinenparks oder des Vorratsvermögens usw.

b. In Fällen, in denen Grundbesitz oder ein gewerblicher Betrieb an einen Angehörigen der VN. auf Grund des Rückerstattungsgesetzes (MRG. Nr. 59) zurückerstattet worden ist, wird zu beachten sein, daß nach RErstG. Art. 15 (in der britischen Zone Art. 12) eine dem Rückerstattungsanspruch stattgebende Entscheidung die Wirkung hat, daß der Verlust des Vermögensgegenstands als nicht eingetreten gilt und später erworbene Rechte Dritter als nicht erworben gelten. Infolgedessen ist auch solches Vermögen von der Abgabe befreit, das einem Angehörigen der VN. auf Grund des RErstG. zurückerstattet worden ist. Bis zur rechtskräftigen Entscheidung über den Rückerstattungsantrag wird die SH.-Abgabe zu stunden sein.

3. Wegen der Abwälzung der SH.-Abgabe auf Angehörige der VN. s. Nachtrag 1 zu § 23.

Nachträge zu SHG. § 7

1. Zu § 7 Anm. 3, a (S. 109).

Betriebsschulden.

a. Schulden, die mit nicht im Einheitswert enthaltenen Anlagegegenständen zusammenhängen.

Da beim abgabepflichtigen Betriebsvermögen nur Schulden abziehbar sind, die mit abgabepflichtigem Betriebsvermögen in wirtschaftlichem Zusammenhang stehen, werden solche Schulden nicht abgezogen werden können, die mit Anlagegegenständen zusammenhängen, die zwar am Währungsstichtag im Betriebsvermögen des Abgabepflichtigen vorhanden, aber nicht in dem maßgebenden Einheitswert (§ **11** Anm. **3**, d, aa S. **152**f.) enthalten waren. S. auch Nachtrag **4** zu § **4**.

b. Schulden von Unternehmungen mit Ausgleichsforderungen.

Bei Unternehmungen mit Ausgleichsforderungen (§ **5** Nr. **7**) wird zwischen befreitem und abgabepflichtigem Vermögen nicht gegenständlich, sondern wertmäßig unterschieden; diese Unternehmungen sind nur mit einem bestimmten zahlenmäßigen Betrag abgabepflichtig. Hier wird der Teil der nach § **7** abziehbaren Schulden zum Abzug zuzulassen sein, der dem Verhältnis des abgabepflichtigen Vermögenswerts zum Wert des gesamten Vermögens entspricht, das ohne die Befreiungsvorschrift abgabepflichtig wäre.

Wegen des Abzugs eines Schuldenüberschusses beim abgabepflichtigen Vermögen der Gesellschafter s. Nachtrag **3**, a zu § **19**.

2. Zu § 7 Anm. 3, b, aa (S. 110f.).

Pensionsverpflichtungen.

a. Berichtigungen.

Das auf S. **110** in der **4.** und **3.** Zeile von unten angeführte Urt. des RFH. vom **15.** Dezember **1938 III 305/38** ist in RStBl. **1939** S. **207** abgedruckt. Ferner ist RFH. vom **10.** Februar **1938 III 211/37** (RStBl. S. **531**) hinzuzufügen.

Auf S. **112** muß es in der **5.** Zeile von oben statt „§ **16** Abs. **1**" heißen „§ **16** Abs. **2**".

b. Pensionen ohne ausdrückliche rechtliche Verpflichtung gegenüber den Empfängern sind nur dann zu berücksichtigen, wenn nach den Umständen des Falls anzunehmen ist, daß der Unternehmer die am Währungsstichtag tatsächlich gewährten Leistungen auch bei der durch die Währungsreform veränderten Wirtschaftslage auf die Dauer weiterentrichten wird (**2.** SHA.-Sammelerlaß Tz. **7**, d, hier abgedruckt in Abt. I Abschn. A Nr. **23**).

Nach demselben RdErl. (Tz. **7**, e) ist in Fällen, in denen sich der Unternehmer in kürzeren Zeitabständen von den Leistungsempfängern von neuem schriftlich bestätigen läßt, daß die Leistungen freiwillig und jederzeit widerruflich gewährt werden, eine vom abgabepflichtigen Betriebsvermögen abziehbare Verpflichtung nicht anzuerkennen. (Ob dies so allgemein anzunehmen ist, kann zweifelhaft sein.) Falls ein Finanzgericht eine andere Ansicht vertreten sollte, hat das FA. Rechtsbeschwerde einzulegen. Jedoch wird die vom FG. getroffene Feststellung, daß die Pensionsleistungen für die Zukunft gesichert sind, häufig auf dem Gebiet der tatsächlichen Beurteilung liegen, die mit der Rb. nicht angreifbar ist.

c. Beschränkung des Abzugs (S. 111).

Die Rechtsprechung des RFH., daß Pensionsanwartschaften nach dem RBewG. keine abziehbaren Schulden sind (s. auch RFH. vom 29. Januar 1942 III 175/41, Bd. 51 S. 217 = RStBl. 1942 S. 511), hat der OFH. im Urt. vom 19. Dezember 1949 III 21/49 S (BayFMinAmtsbl. 1950 S. 38) bestätigt.

d. Berichtigung der SH.-Abgabe bei Wegfall von Pensionsverpflichtungen.

Wenn eine nach RBewG. § 16 Abs. 2 bewertete Verpflichtung zu wiederkehrenden Leistungen, die auf die Lebenszeit beschränkt sind, nicht länger als eine bestimmte Anzahl von Jahren bestanden hat und der Wegfall auf dem Tode des Berechtigten beruht, ist die Festsetzung der „nicht laufend veranlagten" Steuern nach der wirklichen Dauer der Leistung zu berichtigen (RBewG. § 16 Abs. 3). In § 26 Anm. 3 (S. 274) haben wir die Ansicht vertreten, daß die allgemeine SH.-Abgabe für den Abzug bei der Vermögensteuer den laufend veranlagten Steuern gleichzustellen sei, weil uns dies den Zweck der Abzugsbeschränkung zu entsprechen schien (s. auch Nachtrag 2, a zu § 26). Dagegen ist für die Anwendung der Vorschrift des RBewG. § 16 Abs. 3 eine andere Auslegung geboten. Die Berichtigung ist um deswillen auf die nicht laufend veranlagten Steuern beschränkt, weil bei den laufend veranlagten Steuern der Wegfall der Last bei der nächsten Veranlagung ohne weiteres berücksichtigt wird. Da nun die allgemeine SH.-Abgabe dauernd nach demselben Vermögen (Stand vom 21. Juni 1948) bemessen wird, erfordert es der Zweck der Vorschrift, beim Wegfall von Pensionsverpflichtungen infolge Todes des Empfängers die SH.-Abgabe entsprechend zu erhöhen, aber wohl erst mit Wirkung von dem auf den Todestag folgenden Fälligkeitstermin ab.

3. Zu § 7 Anm. 3, b, bb (S. 112f.).

Zuschüsse zum Deckungskapital von Pensions- und Unterstützungskassen.

Die nach StDVO. § 19 Abs. 2 Nr. 1, a und Nr. 2, a vom abgabepfl. Unternehmer übernommene Eintrittsverpflichtung ist für die SH.-Abgabe als am Beginn des Währungsstichtags entstanden anzusehen. Daraus folgert der 2. SHA.-Sammelerlaß Tz. 7 (hier abgedruckt in Abt. I Abschn. A Nr. 23), daß auch in der DM-Eröffnungsbilanz des Unternehmers ein entsprechender Passivposten einzusetzen sei (hiergegen mit Recht *Meuschel* im „Betriebs-Berater" 1949 Heft 30 S. 615 und *Pfaffenholz*, „Der Betrieb" 1950 Nr. 5 S. 54). Die Folge wäre, daß die später auf Grund der Eintrittsverpflichtung bewirkten Leistungen den einkommen- oder körperschaftsteuerpflichtigen Gewinn nicht mindern. Da diese Folge von vielen Unternehmern nicht erkannt worden ist, läßt der angef. Erlaß (Tz. 7, a, b und c) es zu, eine von der Kasse angenommene Widerrufserklärung steuerlich zu beachten und die bisher seit der Währungsreform bewirkten und die künftigen Leistungen an die in Betracht kommenden Pensions- und Unterstützungsempfänger nicht als Leistungen der Kasse, sondern als unmittelbare Leistungen des Unternehmers anzusehen und sie wie Pensionsverpflichtungen zum Abzug zuzulassen. Dem Unternehmer wird eine Richtigstellung aber nur bis zum 20. Februar 1950 gestattet.

4. Zu § 7 Anm. 3, b, cc (S. 114).

a. Verbindlichkeiten aus Anzahlungen, die nicht in Geld bestehen.

Anzahlungsverbindlichkeiten sind auch dann beim abgabepfl. Betriebsvermögen abziehbar, wenn die Anzahlung nicht in Geld besteht, sondern, wie bei Kompensationsgeschäften, in Sachgütern.

b. Anzahlungen auf überhöhte Preise.

Sind vor der Währungsreform Lieferungen oder Leistungen zu überhöhten Preisen (Schwarzmarktpreisen) vereinbart und darauf Anzahlungen geleistet worden, so sind auf diese Anzahlungen die Grundsätze der StDVO. § 28 Abs. 1 Nr. 1 sinngemäß anzuwenden, d. h. sowohl die Forderungen wie die Verbindlichkeiten aus derartigen Anzahlungen sind nur mit dem Bruchteil anzusetzen, der sich aus dem Verhältnis des gesetzlich zulässigen Preises zum vereinbarten (überhöhten) Preis ergibt (2. SHA.-Sammelerlaß Tz. 13).

5. Zu § 7 Anm. 4 (S. 115/116).

Nachzahlungsverbindlichkeiten aus Vergleichen über Rückerstattungen nach dem RErstG. sind Kaufpreisschulden und daher nicht beim abgabepfl. Betriebsvermögen abzuziehen, falls sie nicht im Einzelfall ausnahmsweise als Schadensersatzverpflichtungen anzusehen sind.

6. Zu § 7 Anm. 5 (S. 116).

Schulden, die durch richterliche Vertragshilfe mit rückwirkender Kraft herabgesetzt worden sind (UmstG. § 21), sind mit dem ermäßigten Betrag anzusetzen.

Bewertung von Währungsschulden: § 7 Anm. 2, f (nicht 2, e).

Nachträge zu SHG. § 8

Zu § 8 Anm. 3 (S. 128).

1. Übernahme von Baukosten durch den Mieter.

Auf die Bewertung des Grundbesitzes hat es keinen Einfluß, wenn die Baukosten, z. B. die Kosten des Wideraufbaus, nicht vom Hausbesitzer, sondern von einer anderen Person, namentlich einem Mieter, ganz oder teilweise (z. B. durch einen Baukostenzuschuß) getragen worden sind. Das errichtete (wiederhergestellte) Gebäude ist Bestandteil des Grundstücks und mit diesem beim Grundstückseigentümer zu erfassen. Verbindlichkeiten, die dieser übernommen hat (z. B. Verpflichtung zur Streichung oder Ermäßigung der Miete auf bestimmte Zeit), sind bei der SH.-Abgabe ebensowenig zu berücksichtigen wie andere Verbindlichkeiten (2. SHA.-Sammelerlaß Tz. 9, hier abgedruckt in Abt. I Abschn. A Nr. 23).

2. Grundstücke, deren Erhaltung im öffentlichen Interesse liegt.

Nach dem 2. SHA.-Sammelerlaß Tz. 10 sind die für die Vermögensteuer getroffenen Bestimmungen der RBewDV. § 74 bei der SH.-Abgabe auf Grundstücke sinngemäß anzuwenden. Demnach sind — unter der Voraussetzung, daß die jährlichen Kosten in der Regel die erzielten Einnahmen und die sonstigen Vorteile übersteigen — anzusetzen.

1) mit 40% des an sich maßgebenden Werts (vorbehaltlich der Ziffer 2):
Grundstücke, deren Erhaltung wegen ihrer Bedeutung für Kunst, Geschichte oder Wissenschaft im öffentlichen Interesse liegt,

2) mit 20% des an sich maßgebenden Werts:
a) Grundstücke, deren Erhaltung wegen ihrer Bedeutung für Kunst, Geschichte oder Wissenschaft im öffentlichen Interesse liegt, wenn sie in einem den Verhältnissen entsprechenden Umfang den Zwecken der Forschung oder der Volksbildung nutzbar gemacht werden.
b) Grundstücke, die für Zwecke der Volkswohlfahrt der Allgemeinheit zur Benutzung zugänglich gemacht sind und deren Erhaltung im öffentlichen Interesse liegt.

Grundbesitz, der dem Schutz des Landschaftsbilds unterliegt, fällt nicht unter diese Vorschrift, weil hierbei keine Kosten entstehen (Erl. der Finanzbehörde Hamburg vom 3. März 1950 LA 8530 — 6/30, „Deutsche Steuerzeitung" Eildienst 1950 Nr. 13 S. 147).

3. Berücksichtigung von Fortschreibungen auf den 21. Juni 1948.

In einer Besprechung der Länderreferenten in Bad Homburg am 28. und 29. März 1950 ist beschlossen worden, daß abweichend von der bisherigen Übung auf den 21. Juni 1948 fortgeschriebene Einheitswerte des Grundbesitzes der Berechnung der SH.-Abgabe bereits zugrundegelegt werden können, falls der Abgabepfl. es beantragt („Der Betrieb" 1950 Nr. 19 S. 225).

Nachträge zu SHG. § 9

1. Zu § 9 Anm. 1 (S. 132).

a. Begriff der Restitution.

Restitution ist die Rücklieferung von Vermögenswerten, die aus den ehemals von Deutschland besetzten oder verwalteten Gebieten nach Deutschland verbracht worden sind. Rechtsgrundlagen sind die Proklamation Nr. 2 des Kontrollrats Abschn. VI und die auf Grund dieser Proklamation ergangenen Bestimmungen der deutschen Länder (s. hierzu „Der Betriebs-Berater" 1947, Sonderbeilage für Betriebswirtschaft Heft 5/6 zum 4. Vierteljahr 1947).

„Restitution" heißt zwar auf deutsch „Rückerstattung", ist aber nicht zu verwechseln mit der Rückerstattung im Sinne des Rückerstattungsgesetzes (MRG. Nr. 59).

b. Beschlagnahmter Grundbesitz.

Die Beschlagnahme von Grundbesitz (besonders von Einfamilienhäusern und Mietwohngrundstücken) für Besatzungszwecke, DP.-Unterbringungen usw. ist bei der SH.-Abgabe grundsätzlich nicht zu berücksichtigen. Wertminderungen durch Sachschäden infolge der Beschlagnahme rechtfertigen eine Minderung des Einheitswerts in der gleichen Weise wie Kriegsschäden. Sind solche Schäden nach dem Währungsstichtag eingetreten, so kann eine Stundung angebracht sein, die aber mit Rückwirkung aufzuheben ist, sobald der Abgabepfl. eine Entschädigung aus Besatzungskostenmitteln erhält. Auch bei verspäteter Zahlung der Nutzungsentschädigung kann Stundung gewährt werden (2. SHA.-Sammelerlaß Tz. 8, hier abgedruckt in Abt. I Abschn. A Nr. 23).

c. Diese Grundsätze sind auch anzuwenden, wenn die Fortführung eines Betriebs des Hotel- und Gaststättengewerbes infolge Inanspruchnahme der Betriebsgrundstücke und Einrichtungsgegenstände für Besatzungszwecke, Unterbringung von Flüchtlingen oder ähnliche Zwecke unmöglich geworden ist (EdErl. des BMdF. vom 30. März 1950 LA 8601 — 3/50). Näheres s. Nachtrag 5, b zu § 22.

2. Zu § 9 Anm. 1, a (S. 133/134).

a. Verbindlichkeit von Milderungserlassen für die Steuergerichte.

Das Gutachten vom 27. August 1949 I D 6/49 S (BayFMAmtsbl. S. 383) hat der OFH. in den Urteilen vom 28. Oktober 1949 IV 69/49 S (BayFM.-Amtsbl. S. 466) und vom 29. Oktober 1949 III 62/49 S (BayFMAmtsbl. S. 429) bestätigt.

b. Ungültigkeit der Beschränkung von Wertfortschreibungen für Grundbesitz wegen Kriegsschäden.

Wir haben bereits (S. 134) darauf hingewiesen, daß die Verwaltungsanordnungen, die die Wertfortschreibungen für Grundbesitz wegen Kriegsschäden beschränken, ungültig sind. Diese Auffassung hat der OFH. im Urt. vom. 22. März 1950 III 65/49 S (DStZtg. Eildienst 1950 Nr. 18 S. 212) bestätigt.

3. Zu § 9 Anm. 1, b, aa (S. 134).

Wert, von dem bei der Vermögensteuerveranlagung ausgegangen worden ist.

Bei kriegsbeschädigtem Grundbesitz ist, wenn der Abgabepfl. zur Vermögensteuer veranlagt worden war, der SH.-Abgabe der Wert zugrundezulegen, von dem bei der VSt.-Veranlagung ausgegangen ist (§ 9 Nr. 1 Satz 3). Ist bei der VSt.-Veranlagung die Wertminderung au irgendwelchen Gründen nicht berücksichtigt worden, so hat der Abgabepfl. hiervon keinen Nachteil, denn dann greift die Vorschrift des folgenden Satzes ein, daß der Wert, von dem bei einer VSt.-Veranlagung auf den Währungsstichtag auszugehen gewesen wäre, maßgebend ist, falls dieser Wert von dem bei der VSt.-Veranlagung angesetzten Wert um mehr als 10% abweicht.

Der maßgebende Wert wird nach den Vorschriften für die Einheitsbewertung zu beurteilen sein, d. h. es kommt darauf an, ob der Einheitswert durch die Beschädigungen gemindert würde. Wenn bei Grundstücken, die mit einem Vielfachen der Jahresrohmiete bewertet werden, die Beschädigung nicht zu einer Minderung der Jahresrohmiete geführt hat, wird der Wert des Grundstücks in entsprechender Anwendung der RBew.-DV. § 37 zu ermäßigen sein, vorausgesetzt, daß die Wertminderung mehr als 10% beträgt.

4. Zu § 9 Anm. 1, b, bb (S. 135/136).

a. Völlig zerstörte Gebäude.

Grundstücke mit völlig zerstörten Gebäuden sind stets nach § 9 Nr. 1 zu behandeln, gleichviel, wie sie bei der Einheitsbewertung bewertet worden sind. Infolgedessen kann die Anwendung dieser Vorschrift nicht dadurch ausgeschaltet werden, daß das Grundstück als unbebautes Grundstück bewertet worden ist.

Außerdem sind Ruinengrundstücke wohl überhaupt keine unbebauten Grundstücke i. S. des RBewG. § 53; hierunter sind nur solche Grundstücke zu verstehen, die noch nicht bebaut sind oder, wenn das Gebäude abgerissen oder zerstört worden ist, nicht wieder bebaut werden sollen. Ruinengrundstücke bilden vielmehr, da sie auch keine bebauten Grundstücke, d. h. Grundstücke mit Gebäuden sind, eine dritte Gruppe von Grundstücken, die im RBewG. nicht erwähnt wird. Für die Einheitsbewertung ist diese Frage indes ohne praktische Bedeutung, weil Ruinengrundstücke jedenfalls nach RBewG. § 10 Abs. 1 mit dem gemeinen Wert zu bewerten sind, d. h. mit dem Bodenwert zuzüglich des Werts der Trümmer und abzüglich der Kosten der Trümmerbeseitigung, soweit diese dem Grundstückeigentümer zur Last fallen.

b. Richtlinien für die Fortschreibungen und Nachfeststellungen der Einheitswerte von Grundbesitz.

Ergänzungen zum RdErl. des Direktors der Verwaltung für Finanzen vom 5. September 1949 enthalten die Richtlinien des Bayerischen Finanzministeriums vom 19. Januar 1950 für die Durchführung der Fortschreibungen und Nachfeststellungen von Einheitswerten des Grundbesitzes auf den 21. Juni 1948 (BayFMAmtsbl. S. 17).

5. Zu § 9 Anm. 1, c (S. 136/137).

Druckfehlerberichtigung.

Der letzte Absatz auf S. 136 („Daraus, daß ....") und der erste Absatz auf S. 137 („Die Maßgeblichkeit ....") sind mit einander zu vertauschen; auf S. 137 in der 3. Zeile von oben ist das Wort „ferner" zu streichen.

6. Zu § 9 Anm. 2 (S. 137).

Unbebaute Grundstücke.

Nach den Ausführungen in Nachtrag 4, a sind Ruinengrundstücke, auch wenn sie bei der Einheitsbewertung als unbaute Grundstücke bewertet worden sind, nicht mit 50% des Einheitswerts anzusetzen, sondern nach § 9 Nr. 1 zu behandeln.

Nachträge zu SHG. § 11.

1. Zu § 11 Anm. 3, a (S. 149).

Anlagevermögen.

a. Musterkollektionen als Anlagegüter.

Musterkollektionen von Industrie- und Handelsunternehmen können in der Regel als Gegenstände des Anlagevermögens angesehen werden. Das bezieht sich nicht auf bloße Ausstellungsmuster, die nach Erfüllung dieses vorläufigen Sonderzwecks wie andere Waren veräußert zu werden pflegen (2. SHA.-Sammelerlaß Tz. 11, hier abgedruckt in Abt. I Abschn. A Nr. 23).

b. Zur notwendigen Ergänzung des Anlagevermögens bestimmte Vorräte.

Vorräte, die nicht zum Verkauf oder zur Verarbeitung, sondern zur notwendigen Ergänzung des Anlagevermögens bestimmt sind, rechnen nach § 11 Nr. 3 Abs. 2 nicht zum Vorratsvermögen, sondern zum Anlagevermögen. Diese Vorräte sind daher nach § 11 Nr. 2 mit den Werten anzusetzen, mit denen Gegenstände dieser Art in der Bilanz enthalten sind, die der Einheitsbewertung auf den letzten Feststellungszeitpunkt vor dem Währungsstichtag zugrundeliegt; ob sie in dieser Bilanz als Vorratsvermögen oder als Anlagevermögen ausgewiesen sind, ist unerheblich (ebenso bereits § 11 Anm. 3, d, aa S. 154). Veräußerungen, Verbrauch oder Ersatzbeschaffung in der Zeit zwischen dem Feststellungszeitpunkt und dem Währungsstichtag sind daher bei diesen Wirtschaftsgütern ebenso ohne Bedeutung, wie bei allen übrigen Gegenständen des beweglichen Anlagevermögens (RdErl. d. BMdF. vom 17. November 1949 LA 8545 — 2/49).

2. Zu § 11 Anm. 3, b (S. 150).

Begriff der „Restitution": Nachtrag 1, a zu § 9.

3. Zu § 11 Anm. 3, d, aa (S. 154).

Behandlung von Anlagegegenständen, die in der Bilanz fälschlich unter Vorratsvermögen aufgeführt sind. Im eigenen Betrieb hergestellte Anlagegegenstände als Vorratsvermögen.

Im Gegensatz zu der von uns vertretenen Auffassung wird in der Zeitschrift „Der Betrieb" 1949 Nr. 50 S. 595 die Ansicht geäußert, daß es unschädlich sei, wenn in der dem maßgebenden Einheitswert zugrundeliegenden Bilanz Anlagegegenstände fälschlich unter Vorratsvermögen aufgeführt sind. Wir hatten dies nur für die zur notwendigen Ergänzung des Anlagevermögens bestimmten Gegenstände angenommen. Es ist zuzugeben, daß hier Zweifel möglich sind.

Als Beispiel werden dort Fernsprechapparate angeführt, die in einer Fabrik hergestellt, aber nicht zum Verkauf, sondern nur zur Vermietung bestimmt und in der Bilanz als Vorratsvermögen bezeichnet sind. In einer Fabrik hergestellte und zur Verwendung im eigenen Betrieb bestimmte

Gegenstände, wie Fernsprechgeräte in einer Telephonfabrik, Schreibmaschinen in einer Schreibmaschinenfabrik oder Büromöbel in einer Möbelfabrik, gehören jedoch u. E. solange zum Vorratsvermögen, bis sie ihrer Zweckbestimmung als Anlagevermögen zugeführt, z. B. die Fernsprechgeräte angeschlossen oder zur Vermietung bereitgestellt, die Schreibmaschinen oder Büromöbel in Benutzung genommen werden.

4. Zu § 11 Anm. 4, a (S. 157).

Vorratsvermögen (Eiserner Bestand).

Ein „Eiserner Bestand" an Vorratsvermögen, das sind Wirtschaftsgüter des Vorratsvermögens, die im Betrieb in größeren Mengen vorhanden und im wesentlichen gleichartig und gleichwertig sind und anlageähnliche Eigenschaft haben (OFH.-Gutachten vom 3. Juni 1949 I D 2/49 S, Bay-FMAmtsbl. S. 205), gehört zum Vorratsvermögen und nicht zum Anlagevermögen.

5. Zu § 11 Anm. 4, b, bb (S. 159).

Bewertung von Tabakerzeugnissen: Berücksichtigung der Tabaksteuer (Banderolensteuer).

Hierzu wird auf die eingehenden Ausführungen im 2. SHA.-Sammelerlaß Tz. 12 verwiesen. Danach haben Herstellungsbetriebe und Betriebe mit Steuerlager ihre Tabakwaren, die am Währungsstichtag bereits aus dem Herstellungsbetrieb oder aus dem Steuerlager entfernt waren, unter Einbeziehung des vollen Steuerbetrags in DM anzusetzen. Großhändler und Einzelhändler ohne Steuerlager haben den Bestand an Tabakerzeugnissen am Währungsstichtag mit den Anschaffungskosten anzusetzen, zu denen auch die im Kaufpreis enthaltene Tabaksteuer gehört.

6. Zu § 11 Anm. 4, b, bb (S. 160).

Druckfehlerberichtigung.

Im Absatz „Ziffer 2" muß es in der 3. Zeile statt „1. August" heißen „31. August"

7. Zu § 11 Anm. 4, b, bb (S. 160/161).

Bewertung des Vorratsvermögens bei fallenden Verkaufspreisen.

Nach StDVO. § 28 Abs. 1 Nr. 2 sind Wirtschaftsgüter, deren Verkaufspreise in DM nach dem 20. Juni 1948 unter den Anschaffungspreisen oder den Herstellungskosten in RM lagen, mit den am 31. August 1948 erzielbar gewesenen Verkaufserlösen abzüglich einer handelsüblichen Gewinnspanne anzusetzen.

Hierzu heißt es im 2. SHA.-Sammelerlaß Tz. 14:

„Das gilt uneingeschränkt für solche Wirtschaftsgüter, die tatsächlich bis zum 31. August 1948 veräußert worden sind.

Bei Wirtschaftsgütern, die tatsächlich erst nach dem 31. August 1948 zu weiter fallenden Preisen abgesetzt worden sind, bin ich ausnahmsweise damit einverstanden, daß sie nach dem später erzielten niedrigeren Erlöse angesetzt werden. Mindestens ist aber der nach dem Stand vom **31.** August **1949** erzielbare Erlös abzüglich der für diesen Stichtag üblichen Gewinnspanne anzusetzen. Dabei wird unterstellt, daß die Waren — unter Berücksichtigung der am **31.** August **1948** für sie gegebenen beschränkten Verkaufsmöglichkeiten — tatsächlich nur zu den letzterwähnten niedrigeren Erlösen veräußert werden konnten. Soweit dies nicht zutrifft, verbleibt es bei dem Grundsatz des § **28** Abs. **1** Ziff. **2** StDVO.

Solche geringere Bewertung kann z. B. bei Schmucksachen geboten sein".

Diese Anordnung ist wohl so zu verstehen, daß die bis zum 31. August 1948 nicht verkauften Waren nur dann mindestens mit den am **31.** August **1949** erzielbaren Erlösen (abzüglich der handelsüblichen Gewinnspanne) anzusetzen sind, wenn sie bis zu diesem Zeitpunkt tatsächlich veräußert worden sind. Waren, die auch bis zum **31.** August **1949** nicht abgesetzt werden konnten, werden in der Regel als unverkäuflich anzusehen und daher mit dem Materialpreis, gegebenenfalls also mit Null zu bewerten sein.

8. Zu § 11 Anm. 5, c, bb (S. 168).

Bewertung von Währungsschulden beim Betriebsvermögen.

Eine am **1.** Januar **1946** bestehende, mit dem Verbot der Rückzahlung durch die Militärregierung belastete Dollarschuld, deren späterer Rückzahlungskurs ungewiß ist, ist mit dem Teilwert, d. h. mit dem Betrag anzusetzen, den ein sorgfältiger Kaufmann als Erwerber des ganzen Unternehmens im Rahmen des Gesamtkaufpreises dafür ansetzen würde (OFH. vom **26.** November **1949** III **18/49** S, BayFMAmtsbl. **1950** S. **33**).

Nachträge zu SHG. § 13.

Zu § 13 Anm. 3 (S. 174).

1. Zusammengerechnet wird nach § 13 nur abgabepflichtiges Vermögen abgabepflichtiger Personen. Wenn also der Ehemann als Angehöriger einer der Vereinten Nationen nach § 6 von der Abgabe befreit ist, die Ehefrau aber die Staatsangehörigkeit ihres Mannes noch nicht erworben hat und daher staatenlos ist (Nachtrag 1, c zu § 6), unterliegt nur das Vermögen der Ehefrau der SH.-Abgabe, während das Vermögen des Mannes außer Betracht bleibt (RdErl. vom 23. März 1950 Ziff. 6, hier abgedruckt in Abt. I Abschn. A Nr. 24).

2. Durch die Eröffnung des Konkurses über das Vermögen eines Beteiligten wird die Zusammenrechnung nicht ausgeschlossen (s. Nachtrag zu § 1).

Nachtrag zu SHG. § 15.

Zu § 15 Anm. 3, c (S. 181/182).

Sonderbesteuerungsgrenze für juristische Personen, an denen Flüchtlinge beteiligt sind.

„Flüchtlinge" (§ 31 Nr. 1) sind nur natürliche Personen. Daher haben juristische Personen, an denen nur Flüchtlinge beteiligt sind, keinen Anspruch auf die Besteuerungsgrenze von 10000 DM. Der BMdF. hat sich jedoch im Schreiben vom 12. Januar 1950 an den Finanzsenator der Hansestadt Hamburg LA 8449 — 24/50 damit einverstanden erklärt, die Vorschrift auf juristische Personen, an denen Flüchtlinge ganz oder „weitaus überwiegend" beteiligt sind, entsprechend anzuwenden. Unter „weitaus überwiegend" sind u. E. ¾ und mehr zu verstehen.

Nachträge zu SHG. § 18.

1. Zu § 18 Anm. 3, b, aa (S. 200).

Der Umsatz als Maßstab für die Berechnung des Normalbestands.

a. Kommissionsgeschäft.

Da der Kommissionär umsatzsteuerrechtlich als Eigenhändler behandelt wird (UStDB. § 3), werden ihm die Umsätze aus seinen Kommissionsgeschäften zugerechnet. Betreibt der Verkaufskommissionär zugleich Eigenhandel, so sind bei Bemessung des Normalbestands des diesem dienenden Vorratsvermögens die Umsätze aus der Verkaufskommission nicht mitzurechnen, weil Eigenhandel und Verkaufskommission verschiedene gewerbliche Betriebe sind und der Normalbestand für jeden Betrieb gesondert zu berechnen ist (§ 18 Anm. 3 S. 199/200). Andernfalls ergäbe sich für das Vorratsvermögen des Eigenhandels ein zu hoher Normalbestand, wodurch der Verkaufskommissionär einen ungerechtfertigten Vorteil erhielte. Die Kommissionswaren sind nicht Eigentum des Verkaufskommissionärs und daher nicht sein Vorratsvermögen.

Der Verkaufskommittent bleibt Eigentümer des Kommissionsguts, bis es vom Kommissionär verkauft wird; es ist daher sein Vorratsvermögen. Als Umsatz werden ihm nur die vom Verkaufskommissionär an ihn abgeführten Entgelte (also die vom Kommissionär empfangenen Entgelte abzüglich der Verkaufsprovision) zugerechnet. Hierdurch wird der Kommittent bei Berechnung des Normalbestands seines Vorratsvermögens benachteiligt. Dieser Nachteil könnte vermieden werden, wenn für die SH.-Abgabe die Provision des Kommissionärs dem Umsatz des Kommittenten hinzugerechnet würde.

Der Einkaufskommissionär bleibt Eigentümer der gekauften Waren, bis er sie dem Kommittenten übereignet; solange sind sie also sein Vorratsvermögen. Als Umsatz gelten die ihm vom Kommittenten erstatteten Entgelte (einschließlich seiner Provision).

b. Eigenverbrauch, sonstige Leistungen und Hilfsgeschäfte.

Zum steuerbaren Gesamtumsatz gehören auch

aa. der Eigenverbrauch (UStG. § 1 Nr. 2), der mit den ortsüblichen Wiederverkaufspreisen zur Zeit der Entnahme anzusetzen ist (UStG. § 5 Abs. 1),

bb. sonstige Leistungen, die nicht in einer Lieferung bestehen (UStDB. § 7 Abs. 1), z. B. Anfertigung aus Stoffen, die der Auftraggeber geliefert hat,

cc. Hilfsgeschäfte, diese jedoch u. E. nur, soweit sie Vorratsvermögen betreffen, nicht aber solche, die sich auf Anlagevermögen beziehen, z. B. der Erlös aus dem Verkauf einer nicht mehr benötigten Maschine (zweifelhaft).

c. Ablieferung von Schiffen auf hoher See.

Haben Werften neugebaute Schiffe den Abnehmern auf hoher See, also im umsatzsteuerrechtlichen Ausland, übergeben, so haben sie nach dem geltenden Umsatzsteuerrecht Umsätze im Ausland getätigt, die nicht steuerbar sind (ein merkwürdiger Rechtszustand). Nach dem Wortlaut der StDVO. § 31 Abs. 2 könnten solche Umsätze zur Errechnung des Normalbestands dem steuerbaren Gesamtumsatz im Sinne des SHG. § 18 Abs. 1 Satz 3 nicht hinzugerechnet werden. Der BMdF. erklärt sich jedoch im (nicht veröffentlichten) RdErl. vom 20. März 1950 LA 8564 — 4/50 damit einverstanden, daß auch die Umsätze auf hoher See für die Errechnung des Normalbestands bei Ermittlung des Gesamtumsatzes berücksichtigt werden. Der Unterschied an SH.-Abgabe, der sich nach dieser Steuerberechnung gegenüber der Berechnung des Normalbestands nach den gesetzlichen Vorschriften ergibt, ist als ein Abgabebetrag zu behandeln, der bis zur Erhebung der endgültigen Lastenausgleichsabgabe gestundet ist (Dauerstundung).

d. Grundstückshandel.

Zweifelhaft ist, wie beim gewerbsmäßigen Grundstückshandel der Normalbestand berechnet werden soll. Hier kann man wohl kaum von einem „betriebsnotwendigen" Vorratsvermögen sprechen. Auch bildet der — meist stark schwankende — Umsatz keinen zutreffenden Maßstab. Daher bleibt, wenn man nicht den Normalbestand ohne gesetzliche Grundlage willkürlich festsetzen will, nur die Möglichkeit, von der Einteilung in Normalbestand und Überbestand abzusehen und den gesamten Bestand an Grundstücken als Normalbestand zu behandeln.

e. Wenn der Betrieb erst nach dem 1. April 1948 eröffnet oder vor dem 30. November 1948 eingestellt worden ist, wird der in der Zeit des Bestehens des Unternehmens erzielte Umsatz auf 8 Monate umzurechnen sein.

f. Schwarzhandel (kein Normalbestand).

Da Schwarzhandel Gewerbebetrieb ist (s. Nachtrag 1, a zu § 3), unterliegt das ihm gewidmete Vermögen als Betriebsvermögen der Abgabepflicht. Bei ihm gibt es aber keinen Normalbestand (2. SHA.-Sammelerlaß Tz. 15, hier abgedruckt in Abt. I Abschn. A Nr. 23), soweit nicht der Abgabepfl. das mit dem Schwarzhandel zusammenhängende Vorratsvermögen in seiner Bestandsmeldung angegeben oder rechtzeitig nachgemeldet hat (StDVO. § 31 Abs. 1; s. § 18 Anm. 3, z, bb S. 202).

2. Zu §18 Anm. 3, c, dd (S. 203/204).

Mehrstufige Betriebe der Textilindustrie.

a. Die Vorschrift der StDVO. § 31 Abs. 3 bezieht sich nur auf solche Unternehmungen, bei denen die Erhebung einer Zusatzsteuer nach UStG. § 8 i.V. mit UStDB. §§ 54 und 55 nach den Verhältnissen des Betriebs am Währungsstichtag in Betracht kommt. Diese Auslegung kann sich unbillig hart auswirken bei den nach UStDB. § 54 Abs. 2 zusatzsteuerfrei bleibenden Arbeitsvorgängen (Weben von Teppichen, Möbelstoffen, wollenen Schlafdecken usw.) und bei Betrieben, die der Spinnweberei ähneln, besonders bei Strickereien und Wirkereien, die eigene Garne verwenden. Deshalb kann bei diesen Betrieben billigkeitshalber nach StDVO. § 31 Abs. 3 verfahren werden. Dagegen ist diese Vorschrift nicht anwendbar auf Vorgänge bei der Textilveredelung, die durch UStDB. §§ 56 und 57 umsatzsteuerlich begünstigt sind (2. SHA. Sammelerlaß Tz. 17).

b. Die Vorschrift des UStG. § 2 Abs. 2 Nr. 1 über die Unselbständigkeit von Einzelpersonen und nichtrechtsfähigen Personenvereinigungen ist durch KRG. Nr. 15 Art. II nicht aufgehoben worden (OFH. vom 23. Mai 1949 II 20/48 S, BayFMAmtsbl. S. 228).

3. Zu § 18 Anm. 3, c, ee (S. 204).

Saisonbetriebe.

Die in StDVO. § 34 vorgesehene Vergünstigung für die Bemessung des Normalbestands bei Saisonbetrieben bezieht sich auf den ganzen Betrieb, nicht auf einzelne Umsätze. Daher ist die Vorschrift entweder auf den Gesamtbetrieb oder überhaupt nicht anzuwenden. Es ist also nicht zulässig, aus dem Betrieb einen Teil des Vorratsvermögens auszusondern und für diesen Teil den Umsatz eines Jahres, für den übrigen Teil den Achtmonatsumsatz der Berechnung des Normalbestands zugrundezulegen. Jedoch kann ein Betrieb schon dann als Saisonbetrieb oder sonst zeitlich gebundener Betrieb angesehen werden, wenn das Vorratsvermögen am Währungsstichtag überwiegend, d. h. zu mehr als 50% seines Gesamtwerts, aus Wirtschaftsgütern besteht, deren Absatz saisonmäßig oder sonst zeitlich gebunden ist (2. SHA. Sammelerlaß Tz. 18).

4. Zu § 18 Anm. 3, c, ff (S. 204/205).

Besondere Umsatzverhältnisse (StDVO. § 35).

Die Vorschrift der StDVO. § 35 setzt voraus, daß der in der Zeit vom 1. April bis zum 30. November 1948 erzielte Umsatz deshalb wirtschaftlich unrichtig ist, weil der nach der Betriebslage an sich erzielbar gewesene Umsatz aus besonderen vom Abgabepfl. nicht zu vertretenden Gründen nicht erzielt worden ist und nicht erzielt werden konnte. Umsatzerhöhungen, die nach Ablauf der Umsatzperiode infolge jahreszeitlicher oder konjunktureller Verhältnisse oder infolge von Steuersenkungen (Tabak- und Branntweinsteuer) eingetreten sind, können nicht als Beweis dafür gelten, daß der tatsächlich in der Umsatzperiode erzielte Umsatz als Maßstab für die Berechnung des Normalbestands am Währungsstichtag offenbar wirtschaftlich unrichtig wäre (2. SHA.-Sammelerlaß Tz. 19).

Ferner wird die Anwendung der Vorschrift davon abhängen, daß am Währungsstichtag das Unternehmen noch in Betrieb war oder daß mit einer baldigen Wiederaufnahme des Betriebs gerechnet werden konnte. Wenn dagegen der Unternehmer überhaupt nicht die Absicht hatte, das Unternehmen wieder aufzubauen, und seine flüssigen Mittel dazu verwendet hat, um Vorräte an Rohstoffen oder Waren zu Hortungszwecken anzuschaffen, dann sind diese Wirtschaftsgüter kein gewerbliches Betriebsvermögen, sondern nichtgewerbliches Vorratsvermögen.

Begriff der „Restitution": Nachtrag 1, a zu § 9.

5. Zu §18 Anm. 3, c, gg (S. 205).

Längere Herstellungs-, Verarbeitungs- oder Lagerungszeit (StDVO. § 37).

a. Keine Anwendung auf Teile des Vorratsvermögens.

StDVO. § 37 setzt voraus, daß das Vorratsvermögen am Währungsstichtag überwiegend, d. h. zu mehr als 50% seines Gesamtwerts, aus Wirtschaftsgütern besteht, deren Herstellung, Verarbeitung oder artbedingte Lagerung im Betrieb nachweislich mehr als 8 Monate erfordert. Ist diese Voraussetzung gegeben, so ist die Vorschrift auf den ganzen Betrieb anzuwenden; wenn nicht, ist sie gar nicht anzuwenden. Es ist also nicht angängig, auf einzelne Gruppen von Waren zur Errechnung eines besonderen höheren Teilnormalbestands von bestimmten Gruppen von Waren die Vorschrift anzuwenden, dagegen auf den restlichen Warenbestand, bei dem die Voraussetzungen des § 37 nicht vorliegen, die Regelvorschrift (2. SHA.-Sammelerlaß Tz. 20).

b. Artbedingte Lagerung.

Nach dem 2. SHA.-Sammelerlaß Tz. 21 ist unter „artbedingter Lagerung" entsprechend dem Willen des Verordnungsgebers ausschließlich eine durch die Art der Wirtschaftsgüter bedingte Lagerung bis zur Verkaufsreife zu verstehen. Danach ist die Vorschrift z. B. nicht anwendbar auf den Antiquitäten- und Kunsthandel, den fachwissenschaftlichen Buchhandel, den Handel mit Schmuckwaren und auf Schiffsausrüstung; für Fälle außergewöhnlicher Härten sind Teilstundungen zugelassen. Aus dem Wortlaut der Vorschrift ist diese einschränkende Auslegung allerdings nicht zu entnehmen.

Inwieweit bei einzelnen Holzarten eine artbedingte Lagerung von mehr als 8 Monaten erforderlich ist, bedarf noch der Prüfung.

6. Zu §18 Anm. 4, a (S. 206).

Zum Begriff der Blockierung (StDVO. § 30).

Waren (einschl. Lebensmittel) sind nicht schon deshalb als blockiert anzusehen, weil sie über die JEIA eingeführt sind; dies gilt auch dann, wenn am Währungsstichtag der Abnehmer noch nicht bezeichnet war und der Einführer nicht durch Veräußerung an beliebige Abnehmer frei verfügen konnte. Lebensmitteleinfuhrhändler sind daher für die SH.-Abgabe nicht anders als die anderen Lebensmittelhändler zu behandeln.

In der amerikanischen und der britischen Zone, wo sich die Blockierung in engeren Grenzen hielt als in der französischen Zone, kommt eine über die allgemeinen Bewirtschaftungsvorschriften hinausgehende Beschlagnahme in der Regel nur dann in Betracht, wenn eine Beschlagnahme für einen ganz besonderen Zweck erfolgt ist. Wein, Schaumwein und Trinkbranntwein mit Ausnahme von Obstbranntwein waren am Währungsstichtag grundsätzlich auch in der amerikanischen und der britischen Zone beschlagnahmt (2. SHA.-Sammelerlaß Tz. 16; s. auch RdErl. vom 6. September 1949 — jetzt 1. SHA.-Sammelerlaß genannt — Tz. 85 bis 87).

Schwarzhandelswaren sind niemals als blockiert anzusehen, weil sie frei verkauft werden.

7. Zu § 18 Anm. 4, b (S. 207 f).

Begünstigte Lebensmittel (StDVO. § 38).

a. Begriff.

Es ist darauf hinzuweisen, daß nur solche bewirtschaftete Lebensmittel der ermäßigten Abgabe von 2% unterliegen, die in der Anlage 2 zur StDVO. ausdrücklich aufgeführt sind, was vielfach übersehen wird. Nicht begünstigt sind daher z. B. Trockenfrüchte, Süßmost, Fruchtsäfte, Bohnenkaffee, Salzherige und Kornbranntwein (2. SHA.-Sammelerlaß Tz. 22). In den Ländern der französischen Zone sind noch einige weitere Lebensmittel begünstigt (s. Nachtrag 4 zur Einleitung).

b. Verpackungsmittel.

Vorräte an Verpackungsmitteln (z. B. Gläser, Eimer, Dosen, Tüten, Papierumhüllungen usw.), die im Lebensmittelgewerbe am Währungsstichtag vorhanden und ausschließlich dazu bestimmt waren, die bewirtschafteten Lebensmittel in einer am Währungsstichtag üblichen Weise in den Verkehr zu bringen, sind für die SH.-Abgabe ebenso zu behandeln wie die Ware (Rohstoffe usw.) selbst. Sie unterliegen also bis zur Höhe des Normalbestands insoweit, wie sie zur Verpackung von begünstigten Lebensmittelvorräten zu dienen bestimmt waren, dem Abgabesatz von 2%. Das gilt jedoch nicht für den Teil der Vorräte, der einen den begünstigten Lebensmittelvorräten am Währungsstichtag entsprechenden Umfang übersteigt. Es gilt ferner nicht für Verpackungsmittel, die bei der Abgabe der Lebensmittel besonders in Rechnung gestellt werden. Leihemballagen und solche Umschließungen, die nur innerhalb des Betriebs verwendet werden, sind Anlagegegenstände; sie unterliegen daher nicht der Sonderabgabe (RdErl. d. BMdF. vom 7. März 1950 LA 8564 — 25/49).

8. Zu § 18 Anm. 7 (S. 213 f.).

Haftung des Erwerbers eines gewerblichen Betriebs für die Sonderabgabe.

Nach dem zur Verordnung über die Umsatzsteuer bei Geschäftsveräußerungen (Partenkirchener Verordnung) vom 1. März 1937 (RGBl. I S. 276, RStBl. S. 377) ergangenen RdErl. des RdF. vom 7. März 1937 (RStBl. S. 385) und der dort angeführten Rechtsprechung des RFH. liegt eine Geschäftsveräußerung dann vor, wenn die veräußerten Gegenstände die wesentlichen Grundlagen des Unternehmens oder eines Betriebs des Unternehmens bilden; der Erwerber muß Unternehmer geworden sein. Dieser Grundsatz ist auch für die Anwendung des SHG. § 18 Abs. 3 maßgebend.

9. Zu § 18 Anm. 8, a (S. 214/215).

Amnestie (Vorratsvermögen).

Für Steuerzuwiderhandlungen, die in Zusammenhang mit ordnungsmäßig gemeldetem und in der Vermögensanzeige angegebenem Vorratsvermögen stehen, erlangt der Abgabepfl. Straffreiheit (nicht aber Befreiung von Steuernachzahlung und Zuschlägen) nur nach AO. § 410 (tätige Reue).

10. Zu § 18 Anm. 8, b, ee (S. 218).

Reuezuschlag.

Die Zahlung des Reuezuschlags ist, anders als bei der Nachmeldung von Anlagevermögen (§ 18 Anm. b, hh), nicht Voraussetzung für die Gewährung der Amnestie, auch nicht, im Gegensatz zu AO. § 410, die Nachzahlung der verkürzten Steuern. Ebensowenig ist eine Abführung des Mehrerlöses vorgesehen.

11. Zu § 18 Anm. 8, b, gg (S. 219).

Form und Frist der Nachmeldung. Nachsicht.

a. Die Nachmeldung braucht nicht, wie die Vermögensanzeige, den Wert des nachgemeldeten Vorratsvermögens zu enthalten, sondern nur den Bestand.

b. Die Vorschriften der AO. §§ 86 und 87 über die Nachsichtgewährung lauten:

§ 86

Nachsicht wegen Versäumung einer Rechtsmittelfrist kann beantragen, wer ohne sein Verschulden verhindert war, die Frist einzuhalten. Das Verschulden eines gesetzlichen Vertreters oder eines Bevollmächtigten steht dem eigenen Verschulden gleich.

§ 87

(1) Über den Antrag auf Nachsicht entscheidet die Stelle, die über das versäumte Rechtsmittel zu entscheiden hat.

(2) Der Antrag ist innerhalb zweier Wochen nach Ablauf des Tags zu stellen, an dem der Antrag zuerst gestellt werden konnte; dabei sind die Tatsachen, die den Antrag begründen sollen, anzuführen und glaubhaft zu machen. Innerhalb dieser Frist ist die Einlegung des versäumten Rechtsmittels nachzuholen.

(3) Auslagen, die durch den Antrag auf Nachsicht entstehen, trägt in allen Fällen der Antragsteller.

(4) Die Nachsicht kann auch ohne Antrag bewilligt werden, falls das versäumte Rechtsmittel innerhalb der im Absatz 2 bezeichneten Frist eingelegt ist.

(5) Nach Ablauf eines Jahrs, von dem Ende der versäumten Frist an gerechnet, kann Nachsicht nicht mehr begehrt oder ohne Antrag bewilligt werden.

12. Zu § 18 Anm. 8, b, hh (S. 220).

Amnestie (Anlagevermögen).

1. In der 4. Zeile muß es statt „im Steuerneuordnungsgesetz" heißen „im **2.** Steuerneuordnungsgesetz".

2. Wegen Steuerzuwiderhandlungen, die mit ordnungsmäßig gemeldetem Anlagevermögen zusammenhängen, erlangt der Abgabepfl. Straffreiheit (nicht aber Befreiung von Steuernachzahlungen und Zuschlägen) nur nach AO. § 410 (tätige Reue).

13. Zu Anm. 9 (S. 220 f.).

a. Erlaß des Strafzuschlags.

Der Strafzuschlag kann auf Grund von AO. § 131 in Billigkeitsfällen erlassen werden. Ausgeschlossen ist der Erlaß in StDVO. § 59 Abs. 1 nur für die SH-Abgabe selbst, weil sie auf die endgültige LA.-Abgabe angerechnet wird und bei dieser über einen Erlaß entschieden werden soll. Dagegen wird der Strafzuschlag nicht auf die LA.-Abgabe angerechnet, so daß hier einem Erlaß nichts im Wege steht. In AO. § **131** ist ein Erlaß allerdings nur für Steuern vorgesehen, doch ist die Vorschrift auch auf andere steuerrechtliche Leistungen anwendbar, z. B. Zinsen, Erzwingungsstrafen und Zuschläge (Becker, Reichsabgabenordnung, 7. Aufl., § 108 Anm. 3 S. 348; Riewald, Reichsabgabenordnung, § 131 Anm. 1 S. 593).

b. Strafrechtliche Behandlung der Verkürzung von SH.-Abgaben; Tateinheit und Tatmehrheit.

Bei der SH.-Abgabe kommen drei Tatbestände des Steuervergehens in Betracht:

a) Steuerhinterziehung, d. i. vorsätzliche Verkürzung von Steuereinnahmen (AO. § 396),

b) Steuergefährdung, d. i. fahrlässige Verkürzung von Steuereinnahmen (AO. § 402),

c) Steuerordnungswidrigkeit, d. i. vorsätzliche oder fahrlässige Zuwiderhandlung gegen Steuergesetze oder gegen eine im Besteuerungsverfahren ergangene, einen Hinweis auf die Strafbarkeit enthaltende Verfügung, ohne daß der Tatbestand eines anderen Steuervergehens erfüllt ist (AO. § 413).

Der Versuch der Steuerhinterziehung wird ebenso bestraft wie die vollendete Tat (AO. § 397); das gleiche gilt für Beihilfe und Begünstigung (AO. § 398).

Straffrei bleibt, wer in unverschuldetem Irrtum über das Bestehen oder die Anwendbarkeit steuerrechtlicher Vorschriften die Tat für erlaubt gehalten hat. Wer aus Mangel an Sorgfalt, zu der er nach den Umständen verpflichtet und nach seinen persönlichen Verhältnissen fähig war, die Tat für erlaubt gehalten hat, wird wegen Fahrlässigkeit bestraft (AO. § 395).

Die (vorsätzliche oder fahrlässige) Verkürzung der SH.-Abgabe ist, da ein Abgabebescheid nicht unbedingt erteilt zu werden braucht, bereits mit der Einreichung der unrichtigen Vermögensanzeige vollendet, auch wenn später ein Abgabebescheid erteilt wird.

Ein Steuervergehen ist es auch, wenn der Abgabepfl. überhaupt keine Vermögensanzeige abgibt, obgleich er seine Abgabepflicht kennt oder kennen muß. Dann ist die Steuerverkürzung mit Ablauf des für die Anzeige vorgesehenen Termins vollendet.

Wenn der Abgabepfl. sowohl (gewerbliches oder nichtgewerbliches) Vorratsvermögen wie sonstiges abgabepflichtiges Vermögen besitzt, sind drei Fälle zu unterscheiden:

a) Es ist nur die allgemeine Abgabe verkürzt, weil der Abgabepfl. zwar das Vorratsvermögen, nicht aber das übrige abgabepflichtige Vermögen richtig angegeben hat.

b) Die Verkürzung betrifft nur die Sonderabgabe; der Abgabepfl. hat das Vorratsvermögen zu niedrig, dafür aber das übrige abgabepfl. Vermögen, z. B. das Anlagevermögen, um den gleichen Betrag zu hoch angegeben.

c) Sowohl die allgemeine Abgabe wie die Sonderabgabe sind verkürzt; dies trifft zu, wenn der Abgabepfl. das Vorratsvermögen zu niedrig und sein übriges abgabepfl. Vermögen ebenfalls zu niedrig oder richtig angegeben hat.

In diesem letzten Fall entsteht die Frage, ob eine Einheit oder eine Mehrheit von Steuervergehen vorliegt. Es sind drei Auffassungen möglich:

a) Die allgemeine SH.-Abgabe und die Sonderabgabe werden als eine einheitliche Abgabe angesehen. Die unrichtige Vermögensanzeige verstößt nur gegen eine einzige Strafvorschrift; sie bedeutet eine Verkürzung der gesamten SH.-Abgabe. Wenn also z. B. die Verkürzung der allgemeinen Abgabe 1000 DM und die der Sonderabgabe 500 DM beträgt, ist der Abgabepfl. wegen (vorsätzlicher oder fahrlässiger) Verkürzung der SH.-Abgabe um 1500 DM zu bestrafen.

b) Durch eine und dieselbe Handlung (zu niedrige Angabe des abgabepfl. Vermögens) werden mehrere Strafvorschriften der Steuergesetze über Steuervergehen (Verkürzung der allgemeinen SH.-Abgabe und der Sonderabgabe) verletzt: Tateinheit, Idealkonkurrenz (AO. § 418 Abs. 2, StGB. § 73). Dann ist nur das Gesetz, das die schwerste Strafe androht, anzuwenden, d. h. in dem angeführten Beispiel ist die Strafe wegen Verkürzung der allgemeinen SH.-Abgabe zu verhängen.

c) Es liegen mehrere selbständige Steuervergehen (Verkürzung der allgemeinen SH.-Abgabe und Verkürzung der Sonderabgabe) vor: Tatmehrheit, Realkonkurrenz (AO. § 418 Abs. 3, StGB. § 74). In diesem Falle ist auf eine Gesamtstrafe zu erkennen, die in einer Erhöhung der verwirkten schwersten Strafe besteht, also in dem Beispiel auf eine Strafe von etwa 1200 DM, wenn der einfache Betrag der verkürzten Abgabe als Grundlage genommen wird.

Nach der Rechtsprechung des RG. liegen, falls der Stpfl. sowohl Umsatzsteuer wie Einkommensteuer hinterzogen hat, mehrere selbständige Steuervergehen auch dann vor, wenn der zu niedrig angegebene Umsatz die Grundlage für die unrichtige Einkommensteuererklärung bildete

(RGSt. Bd. 59 S. 258, 262; Urt. vom 15. Januar 1936, RStBl. 1936 S. 114, und vom 10. September 1942, RStBl. 1942 S. 938). Die allgemeine SH.-Abgabe und die Sonderabgabe sind aber doch wohl nicht so voneinander verschieden wie die Umsatzsteuer und die Einkommensteuer, sondern sie sind Teile einer und derselben Abgabe. Daher wird die dritte Auffassung (Tatmehrheit) abzulehnen sein. Andererseits kommt aber jeder der beiden Abgaben innerhalb der gesamten SH.-Abgabe eine gewisse Selbständigkeit zu, da sie an verschiedene Tatbestände anknüpfen und die eine Abgabe eine einmalige und die andere eine laufende ist. Es verhält sich hier anders als bei Steuern mit Zuschlägen, bei denen die Verkürzung der Steuer ohne weiteres auch eine Verkürzung des Zuschlags enthält. Damit scheidet auch die erste Auffassung aus. Infolgedessen möchten wir annehmen, daß im Fall einer Verkürzung beider Abgaben Tateinheit gegeben ist (ebenso *Suhr*, Soforthilfedelikte, „Der Betriebs-Berater" 1950 Nr. 6 S. 138). Hierbei kann es keinen Unterschied machen, ob die Verkürzung der allgemeinen SH.-Abgabe nur auf einer zu niedrigen Angabe des Vorratsvermögens oder auch auf einer zu niedrigen Angabe des übrigen abgabepfl. Vermögens beruht.

Indessen sind diese Fragen vielleicht nicht von sehr großer praktischer Bedeutung, weil sie nur das Strafmaß berühren und das FA. bei Bemessung der Strafe wohl auch im Falle der Tateinheit den Gesamtbetrag der verkürzten Abgaben berücksichtigen wird. Bei der allgemeinen SH.-Abgabe wird, wie in den Fällen des Konkurses und der Liquidation (s. Nachtrag zu § 1 und Nachtrag 2 zu § 2), der doppelte Jahresbetrag zugrunde zu legen sein.

14. Zu § 18 Anm. 11, b (S. 223).

Amnestie bei nichtgewerblichem Vorratsvermögen.

Amnestie für Steuerzuwiderhandlungen, die mit nichtgewerblichem Vorratsvermögen zusammenhängen, wird nur dann gewährt, wenn der Abgabepfl dieses Vermögen in seiner Vermögensanzeige angegeben hat; die Vorschriften über tätige Reue (AO. § 410) sind nicht anwendbar. Gegen diese Regelung besteht folgendes Bedenken. Angenommen, der Abgabepfl. hat in der Vermögensanzeige sein nichtgewerbliches Vorratsvermögen nicht angegeben, weil er die gesetzlichen Vorschriften nicht kannte oder weil er über den Begriff des nichtgewerblichen Vorratsvermögens im Unklaren war. Nach dem Anzeigetermin (20. Oktober 1949) wird er darüber aufgeklärt; er möchte nun das Versäumte nachholen und die SH.-Abgabe (allgemeine Abgabe und Sonderabgabe) bezahlen. Aber dann muß er auch den Strafzuschlag von 50% des verschwiegenen Vermögens entrichten und die etwa verkürzten Steuern nebst Zuschlägen nachzahlen; außerdem läuft er Gefahr, daß das FA. eine schuldhafte Verletzung der Anzeigepflicht als gegeben annimmt und eine erhebliche Strafe verhängt. Diese Überlegung kann den Abgabepfl. leicht dazu verleiten, von der Nachholung der Anzeige abzusehen und es darauf ankommen zu lassen, daß das FA. von sich aus das verschwiegene Vorratsvermögen entdeckt, denn schlechter als bei einer Selbstberichtigung kann es ihm ja nicht gehen — vielleicht abgesehen davon, daß die Strafe in diesem Fall geringer ausfiele. Es wäre daher wohl zweckmäßiger gewesen, bei nichtgewerblichen Vorratsvermögen nach Ablauf der Anzeigefrist noch die tätige Reue zuzulassen mit der Maßgabe, daß außer der Bestrafung auch die Entrichtung des Strafzuschlags und vielleicht auch die Nachzahlung der verkürzten Steuern unterbliebe; die geschuldeten SH.-Abgaben wären selbstverständlich zu zahlen.

15. Zu § 18 Anm. 8, b, ee (S. 218) und Anm. 9 (S. 220 f.).

Haftung von juristischen Personen, nicht rechtsfähigen Personenvereinigungen und Vermögensmassen für Reuezuschlag und Strafzuschlag.

In der „Finanz-Rundschau" 1950 Nr. 5 S. 77 wird die Ansicht vertreten, daß, wenn die gesetzlichen Vertreter juristischer Personen deren Vorratsvermögen schuldhaft zu niedrig oder gar nicht angegeben haben, der Reuezuschlag und der Strafzuschlag weder gegen die gesetzlichen Vertreter festgesetzt werden können, weil diese nicht abgabepflichtig seien, noch gegen die juristische Person, weil diese nicht schuldhaft handeln könne. Dem können wir nicht zustimmen. Wenn die gesetzlichen Vertreter juristischer Personen gegen steuerrechtliche Vorschriften verstoßen, müssen die von ihnen vertretenen juristischen Personen selbstverständlich die steuerrechtlichen Folgen tragen. Dies ist in AO. § 103 zwar nur für Zwangsgeldstrafen und Sicherungsgelder und die Kosten von Zwangsmitteln bestimmt, aber es muß auch für andere steuerrechtliche Folgen gelten, wie Zuschläge wegen verspäteter Abgabe einer Steuererklärung, Säumnis- und Strafzuschläge wegen verspäteter Zahlung von Steuern und den Reuezuschlag und den Strafzuschlag nach SHG. § 18. Das gleiche wird bei nicht rechtsfähigen Personenvereinigungen und Vermögensmassen (AO. §§ 104 und 105) anzunehmen sein. Ob daneben, wie nach AO. § 103, auch die Vertreter für den Reuezuschlag und den Strafzuschlag in Anspruch genommen werden können, ist allerdings zweifelhaft (s. jedoch AO. § 109).

Weitere Nachträge zu SHG. § 19

1. Zu § 19 Anm. 1 und 2 (S. 226).

a. Verpflichtung zur Vermögensanzeige und Selbstberechnung.

aa. Zur Erstattung einer Vermögensanzeige sind auch nichtabgabepflichtige Personen verpflichtet, wenn sie vom FA. dazu besonders aufgefordert werden (AO. § 167 Abs. 2).

bb. Für das zur Konkursmasse gehörende abgabepfl. Vermögen (s. § 1 Anm. 5, a) hat der Konkursverwalter die Vermögensanzeige und die Selbstberechnung abzugeben.

b. Berichtigung der Vermögensanzeige und Selbstberechnung.

aa. Wie bereits in Anm. 1 zu § 20 (S. 234) bemerkt, kann der Abgabepfl. zu hohe Angaben in seiner Vermögensanzeige bis zum Eintritt der Rechtskraft des Abgabebescheids berichtigen. Nach Erteilung eines Abgabebescheids ist die Berichtigung im Rechtsmittelverfahren geltend zu machen, doch können in der Rechtsbeschwerde neue Tatsachen nicht mehr vorgebracht werden (AO. § 288). Ein rechtskräftiger Abgabebescheid kann zugunsten des Abgabepfl. nur unter den in AO. § 222 Abs. 1 Nr. 2, 4, § 225, § 92 Abs. 3 aufgestellten Voraussetzungen berichtigt werden.

bb. Selbstverständlich kann und muß der Abgabepfl. auch zu niedrige Angaben berichtigen. Soweit dies nach Ablauf der Anzeigefrist geschieht, wird er aber dadurch nicht von den Folgen der unrichtigen Angaben (Strafzuschlag, Nachzahlung verkürzter Steuern nebst Zuschlägen befreit (s. auch Nachtrag 14 zu § 18).

Die Voraussetzungen für die Berichtigung eines rechtskräftigen Abgabebescheids zum Nachteil des Abgabepfl. finden sich in AO. § 222 Abs. 1 Nr. 1.

2. Zu § 19 Anm. 3, b (S. 228/229).

Besondere Feststellung der Anteile an Personengesellschaften.

a. Wenn die beim abgabepfl. Betriebsvermögen abziehbaren Schulden (§ 7) die der Abgabepflicht unterliegenden Vermögenswerte der Gesellschaft übersteigen, ist der Schuldenüberschuß mit den auf die einzelnen Gesellschafter entfallenden Anteilen beim übrigen Betriebsvermögen der Gesellschafter und, soweit er auf Währungsschulden beruht, auch bei ihrem übrigen abgabepflichtigen Vermögen abzuziehen (s. § 7 Anm. 3, a S. 110). Ein buchmäßiges negatives Kapitalkonto zu Lasten eines Gesellschafters beweist aber noch nicht, daß dieser Gesellschafter an einem für die SH.-Abgabe zu berücksichtigenden Schuldenüberschuß beteiligt ist.

Bei Banken, die Anspruch auf Ausgleichsforderungen haben (§ 5 Nr. 7),. in der Form von Personengesellschaften ist der Überschuß des abziehbaren Teils der Schulden (s. Nachtrag 1, b zu § 7) über den abgabepfl. Vermögenswert vom übrigen abgabepfl. Betriebsvermögen bzw. (bei Währungsschulden) vom gesamten abgabepfl. Vermögen der Gesellschafter abzuziehen (s. hierzu „Der Betrieb" 1950 Nr. 3 S. 29).

b. Da die Anteile der Gesellschafter für die SH.-Abgabe besonders festzustellen sind, kann auch das bei der Einheitsbewertung des Gesellschaftsvermögen festgestellte Anteilsverhältnis nicht für die SH.-Abgabe übernommen werden. Insoweit ist daher die Vorschrift des SHG. § 2 Abs. 2 Satz 2 über die Verbindlichkeit der Einheitswertfeststellung für die Zurechnung (s. § 2 Anm. 8) hier nicht anwendbar.

3. Zu § 19 Anm. 4 (S. 229/230).

Sondervermögen.

a. Beschlagnahmtes Vermögen.

Das frühere sogenannte „staatsfeindliche Vermögen", das in den Jahren 1933 bis 1945 beschlagnahmt wurde, ist nach StDVO. § 52 als Sondervermögen zur SH.-Abgabe heranzuziehen (RdErl. d. BMdF. vom 22. Dezember 1949 LA 8635 — 11/49 Ziff. I, 5).

b. Zuständigkeit.

Nach dem RdErl. vom 27. August 1949 Ziff. 3 Abs. 3 (hier abgedruckt in Abt. I Abschn. A Nr. 17) bleibt beim Sondervermögen das für den formalen Eigentümer zuständige FA. auch für die Erhebung der SH.-Abgabe vom Sondervermögen zuständig. Der Wohnsitz des Verwalters (Treuhänders) oder der Ort der Geschäftsleitung der verwaltenden Stelle ist also nicht maßgebend.

Haben mehrere Miteigentümer eines Grundstücks, das dem Rückerstattungsverfahren unterliegt, ihren Wohnsitz in den Bezirken verschiedener Finanzämter, so ist es zweckmäßig, das Belegenheitsfinanzamt als örtlich zuständig für die Heranziehung des Sondervermögens zu erklären (RdErl. d. BMdF. vom 22. Dezember 1949 LA 8635 — 11/49 Ziff. III).

Nachträge zu SHG. § 20

1. Zu § 20 Anm. 1 (S. 233/234).

a. Vorläufiger Abgabebescheid.

Ist ungewiß, ob oder inwieweit die Voraussetzungen für die Abgabepflicht eingetreten sind, besonders, ob dem Abgabepfl. ein Gegenstand (z. B. ein Grundstück) gehört oder ob ein Recht verwirklicht werden kann, so kann das FA. die Abgabe vorläufig festsetzen oder die Festsetzung gegen oder ohne Sicherheitsleistung aussetzen; das gleiche gilt, wenn aus besonderen Gründen der Wert eines Gegenstands nicht sofort ermittelt werden kann (AO. § 100 Abs. 1).

Die Festsetzung ist nachzuholen oder zu berichtigen, wenn die Ungewißheit beseitigt ist. Nach Ablauf des Kalenderjahrs, das auf die Beseitigung der Ungewißheit folgt, kann der Abgabepfl. die Berichtigung nicht mehr beantragen. Eine Berichtigung zum Nachteil des Abgabepfl. ist unzulässig, wenn der Anspruch auf Nachzahlung verjährt ist; im Sinne des § 145 Abs. 1 gilt der Anspruch als mit Beseitigung der Ungewißheit entstanden (AO. § 225).

Verjährung: AO. §§ 143 bis 149 (s. § 21 Anm. 4 S. 240).

b. Vor- und Nachteile der Erteilung eines Abgabebescheids.

In Anm. 1 zu § 20 haben wir auf den Vorteil hingewiesen, den die Erteilung eines Abgabebescheids für den Abgabepfl. hat, daß nämlich die Festsetzung der Abgabe nur unter den Voraussetzungen der AO. § 222 Abs. 1 Nr. 1 zum Nachteil des Abgabepfl. geändert werden kann. Sie hat aber andererseits auch den Nachteil, daß eine nach Eintritt der Rechtskraft bekannt gewordene günstigere Auslegung gesetzlicher Vorschriften in einem Runderlaß oder einer Entscheidung des OFH. nur unter den in AO. § 222 Abs. 1 Nr. 2 (Buchprüfung) oder Nr. 4 (Aufdeckung eines Fehlers bei einer Nachprüfung durch die Aufsichtsbehörde) aufgestellten Voraussetzungen zugunsten des Abgabepfl. berichtigt werden kann.

2. Zu § 20 Anm. 2 (S. 234/235).

Streitwert im Rechtsmittelverfahren.

Der Wert des Streitgegenstands (AO. § 320) im Rechtsmittelverfahren gegen die allgemeine SH.-Abgabe wird, entsprechend den im Nachtrag 2 zu § 1 (Konkurs), im Nachtrag 2 zu § 2 (Liquidation) und im Nachtrag 2 zu § 26 (Abzug bei der VSt. und der ErbSt.) erwähnten Regelungen, auf den doppelten Jahresbetrag festzusetzen sein (ebenso das im „Betriebs-Berater“ 1950 Nr. 16 S. 391 angeführte Urt. des FG. Kassel).

Nachtrag zu SHG. § 21

Zu § 21 Anm. 6 (S. 241/242).

Zuständigkeit für Sondervermögen (StDVO. § 52).

Nach dem RdErl. vom 27. August 1949 Ziff. 3 Abs. 3 (hier abgedruckt in Abt. I Abschn. A Nr. 17) bleibt beim Sondervermögen (StDVO. § 52) das für den formalen Eigentümer zuständige FA. auch für die Erhebung der SH.-Abgabe vom Sondervermögen zuständig. Der Wohnsitz des Verwalters (Treuhänders) oder der Ort der Geschäftsleitung der verwaltenden Stelle ist also nicht maßgebend.

Haben mehrere Miteigentümer eines Grundstücks, das dem Rückerstattungsverfahren unterliegt, ihren Wohnsitz in den Bezirken verschiedener FÄ., so ist es zweckmäßig, das Belegenheitsfinanzamt als örtlich zuständig für die Heranziehung des Sondervermögens zu erklären (RdErl. d. BMdF. vom 22. Dezember 1949 LA 8635 — 11/49 Ziff. III).

Nachträge zu SHG. § 22

1. Zu § 22 Anm. 1 (S. 245f.).

Ermessensstundung.

Grundsätze für die Ermessensstundung aus wirtschaftlichen Gründen finden sich im RdErl. d. BMdF. vom 2. Dezember 1949 (Bundesanzeiger Nr. 15 vom 21. Januar 1950, hier abgedruckt in Abt. I Abschn. A Nr. 22). Diese Grundsätze bedeuten aber keine starren Regeln, sondern sie sollen die Möglichkeit offenhalten, in einzelnen Fällen mit Rücksicht auf die Besonderheit der wirtschaftlichen Lage eine andere Entscheidung zu Gunsten oder zu Ungunsten des Abgabepflichtigen zu treffen.

a. Eine Veräußerung von Grundbesitz ist in der Regel dann nicht als zumutbar anzusehen,

1) wenn das abgabepfl. Vermögen nur in einem Kleingrundstück besteht (in ländlichen Verhältnissen Grundstücke bis etwa 5000 DM Einheitswert, in städtischen Verhältnissen bis höchstens 10000 DM Einheitswert, je nach der Größe der Stadt), oder

2) wenn der Grundbesitz ganz oder teilweise die Grundlage von Einkünften ist, die der Abgabepfl. zur Existenzerhaltung (s. u. b) benötigt, oder

3) wenn die Veräußerung nur unter unzumutbar schweren Opfern möglich wäre, d. h. höchstens zu einem Preis, der erheblich (z. B. etwa ein Viertel oder noch mehr) unter dem Einheitswert liegt.

Bei größerem Grundbesitz ist, bevor Stundung gewährt werden kann, zu prüfen, ob nicht eine Mittelbeschaffung gegen Verpfändung des Grundbesitzes zu allgemein tragbaren Bedingungen, d. h. zum üblichen Zinsfuß möglich ist.

b. Dem Abgabepfl. müssen die Mittel belassen werden, die ihm eine bescheidene Lebenshaltung für sich und die von ihm zu unterhaltenden Personen ermöglichen. Maßstäbe hierfür gibt der RdErl. vom 2. Dezember 1949 unter III. Sie sind außerordentlich eng; mit den dort genannten Beträgen kann wohl unter den heutigen Preisverhältnissen nicht einmal der bescheidenste Lebensbedarf gedeckt werden.

c. In Anm. 1 (S. 247) hatten wir darauf hingewiesen, daß in der Regel auch die Aufnahme von Kredit als zumutbar anzusehen ist. Diese Auffassung wird im RdErl. vom 2. Dezember 1949 (unter IV) bestätigt.

d. Hat der Abgabepfl. Grundbesitz im Einheitswert von 20000 DM oder darüber, so kann Eintragung einer Sicherungshypothek verlangt werden, wenn zu vermuten ist, daß die Leistungsfähigkeit des Abgeabepfl. dauernd schlecht bleiben wird. Von dem Verlangen kann abgesehen werden, wenn die Hypothekenbestellung nach Lage des Falls den Abgabepfl. unbillig schwer treffen würde (z. B. bei hoher Belastung des Grundbesitzes). (Die Eintragung einer Sicherungshypothek wird u. E. wegen der damit verbundenen Kosten nur in Ausnahmefällen und bei besonders hohen Abgabebeträgen in Betracht kommen.)

e. Die Stundung kann „bis auf weiteres", d. h. ohne zeitliche Begrenzung ausgesprochen werden, doch ist jederzeitiger Widerruf vorzubehalten. Außerdem ist in die Stundungsverfügung der Vorbehalt aufzunehmen, daß die gestundete Abgabe auch ohne ausdrückliche Aufhebung der Stundungsverfügung fällig wird, sobald Vermögen (besonders Grundbesitz) veräußert wird, sowie beim Tode des Abgabepfl. (in diesem Fall 3 Monate nach dem Todestag).

f. Grundsätzlich ist jede Abgaberate gesondert zu behandeln, doch kann die gleichzeitige Stundung mehrerer Raten oder für einen längeren Zeitraum gewährt werden, wenn vorauszusehen ist, daß die gleichen ungünstigen Verhältnisse auch an künftigen Fälligkeitstagen fortbestehen werden.

g. Außer in den hier bezeichneten Fällen können kurzfristige Stundungen nach allgemeinen Grundsätzen (AO § 127 Abs. 1) bewilligt werden.

2. Zu § 22 Anm. 1 (S. 245f.).

Stundung bei Gewerbetreibenden (RdErl. vom 2. Dezember 1949 Ziff. V).

a. Die vorstehenden Grundsätze gelten nicht für Gewerbetreibende. Bei ihnen kommt grundsätzlich Stundung wegen Zahlungsunfähigkeit nur auf kürzere Zeit (etwa 3 bis höchstens 6 Monate) in Betracht und nur für einzelne jeweils fällige Raten. Die Behauptung der Zahlungsfähigkeit muß besonders begründet werden.

Eine Veräußerung von Waren oder Fertigerzeugnissen gilt in der Regel als zumutbar; eine Stundung der Abgabe kommt z. B. insoweit nicht in Betracht, wie die Mittel zu ihrer Entrichtung durch Veräußerung leicht absetzbarer Waren oder Fertigerzeugnisse beschafft werden können (StDVO. § 59 Abs. 4). Sie sind als leicht absetzbar auch dann noch anzusehen, wenn „die Gewinnspanne zur Beschleunigung des Absatzes gesenkt werden muß". Der RdErl. fährt dann fort: „Als nicht ohne weiteres zumutbar wird eine Veräußerung von Waren erst dann angesehen werden können, wenn die vorzeitige Veräußerung nur mit erheblichem Verlust erfolgen kann"; dabei werden die im Zeitpunkt der notwendigen Veräußerung maßgebenden allgemeinen Preisverhältnisse (Widerbeschaffungskosten usw.) zu beachten sein. Hiernach ist nicht klar, wie in den Fällen zu verfahren ist, in denen die Waren nur zum Selbstkostenpreis, also ohne Gewinn und Verlust, vorzeitig veräußert werden können. Kann dem Gewerbetreibenden zugemutet werden, zur Bezahlung der SH.-Abgabe Waren auch dann vorzeitig zu veräußern, wenn er hierbei auf Gewinn verzichten oder sogar einen geringen Verlust in Kauf nehmen muß? Es liegt u. E. im wohlverstandenen Interesse des Staats (Umsatz-, Einkommen- und Gewerbesteuer), eine vorzeitige Veräußerung von Waren ohne Gewinn erst im äußersten Fall zu verlangen, wenn sonst die Einziehung der Abgabe gefährdet wäre oder wenn damit zu rechnen ist, daß auch eine Veräußerung im laufenden Geschäftsverkehr keinen höheren Preis erbrächte.

b. Eine Stundung wird in den Fällen nicht angebracht sein, in denen der Abgabepfl. Entnahmen in einer Höhe gemacht hat, die über der

Lebenshaltung liegen, die unter Berücksichtigung der gegenwärtigen allgemeinen Notlage noch als angemessen bezeichnet werden kann.

c. Wenn ein Unternehmen Waren führt, bei denen die Umschlagshäufigkeit wesentlich mehr als 8 Monate beträgt, ohne daß sie unter StDVO. § 37 fallen (s. Nachtrag 5, b zu § 18), kann in Fällen außergewöhnlicher Härten durch entsprechende Teilstundung geholfen werden (2. SHA.-Sammelerlaß Tz. 21).

d. Im übrigen wird auf den RdErl. vom 6. September 1949 — 1. SHA.-Sammelerlaß — Tz. 104 bis 110 verwiesen.

3. Zu § 22 Anm. 1 (S. 245f.).

Stundung bei Landwirten.

Die für die Stundung bei Gewerbebetreiben aufgestellten Grundsätze gelten im allgemeinen auch für Landwirte (RdErl. vom 2. Dezember 1949 Ziff. V).

Die Abgabe des Pächters (§ 2 Anm. 5, e S. 33/34) ist unabhängig von der Höhe des Ertrags; kann sie aus den Erträgen des abgabepfl. Vermögens nicht bestritten werden, muß der Abgabepfl. grundsätzlich seine sonst verfügbaren Mittel zur Bezahlung der Abgabe einsetzen. Bei Heranziehung des Verpächters ist die Höhe des Pachtzinses ohne Einfluß auf die Abgabepflicht; jedoch kann die Abgabe gestundet werden, soweit dem Verpächter die zur Bezahlung erforderlichen Mittel nicht zur Verfügung stehen (RdErl. d. BMdF. vom 10. Februar 1950 LA 8449 — 36/50).

Treffen Einkünfte aus Land- und Forstwirtschaft mit Einkünften aus Gewerbebetrieb zusammen, so ist stets die wirtschaftliche Gesamtlage zu berücksichtigen. Vielfach wird ein Überwiegen der Aufwendungen im land- und forstwirtschaftlichen Betrieb durch ein günstiges Ergebnis des Gewerbebetriebs ausgeglichen werden.

Für die Stundungsanträge von Landwirten sind im (nicht veröffentlichten) RdErl. des BMdF. vom 13. Februar 1950 LA 8653 — 2/50 besondere Formblätter mit eingehenden Erläuterungen — getrennt für buchführende und nicht buchführende Landwirte — vorgesehen. Dadurch sollen die Antragsteller veranlaßt werden, ihre Verhältnisse mit genauen zahlenmäßigen Unterlagen darzulegen, so daß aussichtslose Anträge möglichst vermieden werden. Die FÄ. werden die Anträge, nötigenfalls unter Hinzuziehung von landwirtschaftlichen Sachverständigen, sorgfältig prüfen. Besonderes Gewicht wird auf die Prüfung der Ausgaben gelegt werden, die Neubauten und Neuanlagen sowie Neuanschaffungen betreffen. Hierbei können nur solche Beträge berücksichtigt werden, die unabweisbar erforderlich sind, um die Fortführung des Betriebs in seinem bisherigen Umfang zu ermöglichen. Jedoch können bei Betrieben, deren Wirtschaftlichkeit durch noch nicht beseitigte erhebliche Kriegsschäden wesentlich beeinträchtigt ist, auch solche Mehraufwendungen berücksichtigt werden, die erforderlich sind, um diese Beeinträchtigung zu beseitigen, soweit die Verwendung der hierfür erforderlichen Mittel ernstlich bis zum Ablauf des Wirtschaftsjahrs in Aussicht genommen ist.

Die FÄ. sind angewiesen, von Säumniszuschlägen abzusehen, wenn die Stundungsanträge unter Verwendung der Formblätter bis zum 15. März 1950 eingehen. Auch im Falle der Ablehnung eines in dieser Weise bis zum 15. März gestellten Antrags soll von der Erhebung eines Säumniszuschlags abgesehen werden, wenn der in Betracht kommende Betrag innerhalb einer Woche nach Empfang des ablehnenden Bescheids entrichtet wird und nicht anzunehmen ist, daß der Antrag nur deshalb gestellt wurde, um die Zahlung der SH.-Abgabe zu verzögern. Für die bis zum Ablauf dieser Wochenfrist nicht gezahlten Beträge ist der Säumniszuschlag von diesem Zeitpunkt an zu erheben (RdErl. d. BMdF. vom 11. Februar 1950 LA 8650 — 2/50).

4. Zu § 22 Anm. 1 (S. 245f.).

Stundung bei Grundstückseigentümern.

Für die Stundungsanträge von Grundstückseigentümern sind im (nicht veröffentlichten) RdErl. d. BMdF. vom 11. Februar 1950 LA 8653 — 1/50 Vordrucke vorgesehen, die die Antragsteller veranlassen sollen, ihre Verhältnisse mit genauen zahlenmäßigen Unterlagen darzulegen. Jedoch ist die Gewährung einer Stundung nicht vom Vorliegen starrer rechnerischer Zahlenergebnisse abhängig zu machen, sondern die Entscheidung unter Berücksichtigung aller Umstände des einzelnen Falls nach pflichtgemäßem Ermessen zu treffen. Danach kann, auch wenn die zahlenmäßigen Grenzen des Abschnitts III des Stundungs-Runderlasses vom 2. Dezember 1950 (hier abgedruckt in Abt. I Abschn. A Nr. 22) überschritten sind, bei glaubhaft dargetaner mißlicher Lage des Abgabepfl. und seiner Familie eine Stundung gerechtfertigt sein, namentlich dann, wenn der Abgabepfl. besonders große Kriegs- oder Kriegsfolgeschäden erlitten hat und deshalb ein besonderes Entgegenkommen nach Abschn. VI des Stundungserlasses geboten erscheint.

Maßgebend sind die Verhältnisse im Fälligkeitszeitpunkt (StDVO. § 59 Abs. 2). Hierbei sind die voraussichtlich im nächsten Jahr zu erwartenden Verhältnisse zugrundezulegen; daher muß, besonders hinsichtlich der künftigen Aufwendungen, von geschätzten Größen ausgegangen werden.

Den Grundstückseigentümern ist auf Antrag zu gestatten, die Rate vom 20. Februar 1950 in zwei gleichen Teilbeträgen am 20. Februar und am 20. März 1950 zu zahlen (RdErl. d. BMdF. vom 11. Februar 1950 LA 8650 — 2/50).

5. Zu § 22 Anm. 2 (S. 247).

Berücksichtigung von Kriegs- und Kriegsfolgeschäden.

a. Nach dem Stundungserlaß vom 2. Dezember 1950 (s. o. zu 1) unter VI sind mit besonderer Aufmerksamkeit die Abgabepflichtigen zu behandeln, die erhebliche Kriegs- oder Kriegsfolgeschäden nachweisen. Wenn der Abgabepfl in derartigen Fällen in eine seine Existenz bedrohende Notlage geraten ist, so ist nach StDVO. § 60 auf notwendige Maßnahmen zur Sicherung seiner Existenz Rücksicht zu nehmen und entgegenkommend zu verfahren. Die Verhältnisse können es in derartigen Fällen rechtfertigen, die SH.-Abgabe zum größten Teil oder in vollem Umfang bis auf weiteres zu stunden.

b. Diese Grundsätze sind auch anzuwenden, wenn die Fortführung eines Betriebs des Hotel- und Gaststättengewerbes infolge Inanspruchnahme der Betriebsgrundstücke und Einrichtungsgegenstände für Besatzungszwecke, Unterbringung von Flüchtlingen oder ähnliche Zwecke unmöglich geworden ist. Soweit durch Nutzungsvergütungen solche Aufwendungen abgegolten werden, denen sich der Abgabepfl. unter Berücksichtigung seiner weiterlaufenden Verpflichtungen nicht ohne erheblichen Schaden entziehen kann, z. B. Zinsen, laufende Versicherungsbeiträge, Aufwendungen für die Ausbildung von Kindern oder ähnliche Verpflichtungen, können diese Vergütungen bei Prüfung der wirtschaftlichen Verhältnisse regelmäßig außer Betracht bleiben. Wird ein in Anspruch genommener Betrieb wieder freigegeben, so werden u. U. dem Abgabepfl. die Beträge zu belassen sein, die erforderlich sind, um die Wiederingangsetzung des Betriebs im unbedingt notwendigen Ausmaß (ggf. also auch auf verkleinerter Grundlage) zu ermöglichen. Dasselbe gilt sinngemäß für Betriebe, bei denen eine Freigabe innerhalb der nächsten 3 Monate verbindlich zugesagt worden ist. Sobald eine dem Abgabepfl. zustehende Entschädigung ausgezahlt worden ist, sollen die angeordneten Stundungsmaßnahmen überprüft werden (RdErl. d. BMdF. vom 30. März 1950 LA 8601 — 3/50).

6. Zu § 22 Anm. 3 (S. 247).

Begriff der Restitution s. Nachtrag 1, a zu § 9.

7. Zu § 22 Anm. 5 (S. 248).

Stundung in Sonderfällen.

a. Weitere Stundungsmöglichkeiten behandelt der 2. SHA-Sammelerlaß (hier abgedruckt in Abt. I Abschn. A Nr. 23):

bei Sachschäden an Grundbesitz infolge der Beschlagnahme für Besatzungszwecke, DP.-Unterbringung u. dgl., die nach dem Währungsstichtag eingetreten sind (Tz. 8; s. Nachtrag 1, b zu § 9),

bei verspäteter Zahlung der Nutzungsvergütung für beschlagnahmten Grundbesitz (Tz. 24),

bei Gewerbebetrieben mit längerer Umschlagszeit außer in Fällen der StDVO. § 37 (Tz. 21; s. Nachtrag 5, b zu § 18),

bei politisch Verfolgten (Tz. 25),

in Fällen der Bodenreform (Tz. 28; s. Nachtrag 1 zu § 28).

b. Winzergenossenschaften.

Das gesamte Vermögen von Winzergenossenschaften ist Betriebsvermögen (RBewG. § 56 Abs. 1 Nr. 2) und daher zur SH.-Abgabe heranzuziehen (§ 3 Abs. 1 Nr. 3). Zum abgabepflichtigen Betriebsvermögen gehören die am Währungsstichtag vorhandenen Weinvorräte aller Jahrgänge. Ein großer Teil dieser Weinvorräte ist jedoch als Normalbestand an umlaufenden Betriebsmitteln (RBewG. § 47 Abs. 3) bereits im Einheitswert der Weinbaubetriebe der der Genossenschaft angeschlossenen Winzer enthalten und damit von der SH.-Abgabe erfaßt worden. Diese Weinvorräte werden also doppelt belastet, einmal bei den Winzern und nochmals bei der Genossenschaft. Deshalb hat sich der BMdF. im (nicht veröffentlichten) RdErl. vom 21. Dezember 1949 LA 8502 — 3/49 damit einverstanden erklärt, daß aus Billigkeitsgründen die allgemeine SH.-Abgabe und die Sonderabgabe der Winzergenossenschaften insoweit bis auf weiteres gestundet werden, wie sie auf die am Währungsstichtag vorhandenen Weinvorräte der Winzergenossenschaft entfallen, die nachweislich aus der Ernte 1947 (nicht auch 1946) stammen.

Die Stundung ist eine „Ermessensstundung"; gegen ihre Ablehnung ist daher nur das Beschwerdeverfahren gegeben (s. u. Nr. 8). Sie ist jedoch bei Anwendung des RdErl. vom 5. Nov. 1949 LA 8695 — 2/49 (Statistik) wie eine „vorgeschriebene Stundung" zu behandeln.

c. Stundung wegen besonderen Mißverhältnisses zwischen Umstellungsgrundschuld und Einheitswert im Hinblick auf Betriebsvorrichtungen.

Die hypothekarische Haftung erstreckt sich nach BGB. § 1120 auf die Bestandteile und das Zubehör des Grundstücks. Andererseits umfaßt nach RBewG. §§ 50, 57 der Einheitswert des Betriebsgrundstücks nicht die Maschinen und sonstigen Betriebsvorrichtungen. Infolgedessen übersteigt die Belastung und demgemäß auch die Umstellungsgrundschuld bisweilen erheblich den Einheitswert. Die Zinsen und Tilgungsbeträge der Umstellungsgrundschuld werden aber nur bis zur Höhe von 3% des Einheitswerts des Betriebsgrundstücks auf den Jahresbetrag der SH.-Abgabe angerechnet (SHG. § 24). Die anteilige SH.-Abgabe ist neben den Zinsen und Tilgungsbeträgen, soweit sie auf Betriebsvorrichtungen entfallen, in voller Höhe zu entrichten. Für die Fälle, in denen diese Regelung zu einer besonderen Härte für die Abgabepflichtigen führt, läßt der (nicht veröffentlichte) RdErl. des BMdF. vom 21. Dezember 1949 LA 8601 — 38/49 eine Stundung der SH.-Abgabe zu.

Wenn die Umstellungsgrundschuld in Anbetracht der mithaftenden Betriebsvorrichtungen das Doppelte des Grundstückseinheitswerts oder mehr beträgt, kann außer der Anrechnung der Zinsen und Tilgungsbeträge in Höhe von 3% des Grundstückseinheitswerts noch ein Teilbetrag der SH.-Abgabe im Hinblick auf die Betriebsvorrichtungen gestundet werden. Der hiernach zu stundende Betrag ist jedoch nach oben dreifach begrenzt: Es darf nicht mehr gestundet werden als

a) 3% des Betrags, mit dem die Betriebsvorrichtungen bei der Berechnung des abgabepflichtigen Vermögens angesetzt sind,

b) 3% des Betrags, um den die Umstellungsgrundschuld den Einheitswert des Betriebsgrundstücks übersteigt,

c) der Betrag, der von den gezahlten Zinsen und Tilgungsbeträgen nach Abzug des Anrechnungsbetrags verbleibt.

Der niedrigste der drei vorgenannten Höchstbeträge bestimmt das Ausmaß der zu gewährenden Stundung.

Der Erlaß gibt hierzu mehrere Berechnungsbeispiele.

Die Stundung ist zu widerrufen, soweit nach Ablauf des Erhebungszeitraums festgestellt wird, daß die der Stundungsberechnung zugrundegelegten Zinsen und Tilgungsbeträge nicht entrichtet worden sind.

Die Stundung ist eine „Ermessensstundung"; gegen ihre Ablehnung ist daher nur das Beschwerdeverfahren gegeben (s. u. Nr. 8). Sie ist jedoch bei Anwendung des RdErl. vom 5. Nov. 1949 LA 8695 — 2/49 (Statistik) wie eine „vorgeschriebene Stundung" zu behandeln.

d. Stundungen gegenüber der öffentlichen Hand.

Nach dem (nicht veröffentlichten) RdErl. des BMdF. vom 22. Dezember 1949 LA 8635 — 11/49 kommt eine Stundung der SH.-Abgabe regelmäßig nicht in Betracht, soweit Länder oder ihnen nahestehende besondere Körperschaften des öffentlichen Rechts, für deren finanziellen Fehlbetrag sich das Land im allgemeinen verantwortlich fühlt (z. B. Hochschulen), abgabepflichtig sind. Das gleiche gilt für Betriebe gewerblicher Art von Ländern und für Kapitalgesellschaften, deren Anteile ausschließlich Gebietskörperschaften gehören und an denen Länder beteiligt sind.

e. Stundung bei Ablieferung von Schiffen auf hoher See: s. Nachtrag 1, c zu § 18.

f. Stundung für Apotheken.

In einer Besprechung der Finanzminister und Finanzsenatoren der Länder und der Oberfinanzpräsidenten im Bundesfinanzministerium ist beschlossen worden, daß in den Ländern, in denen die Gewerbefreiheit nicht eingeführt ist oder sich nicht auf Apotheken erstreckt, vom Erhebungsjahr 1950 ab $^1/_3$ des Teils der allgemeinen SH.-Abgabe gestundet wird, der auf das Apothekenbetriebsrecht entfällt (Deutsche Steuerzeitung, Eildienst, 1950 Nr. 21 S. 246).

8. Rechtsmittel gegen Ablehnung einer Stundung.

Gegen Bescheide, die einen Antrag auf Stundung ablehnen, ist nach AO. § 237 das Beschwerdeverfahren (AO. §§ 303, 304) gegeben. Jedoch ist nach dem 2. SHA.-Sammelerlaß Tz. 23 (hier abgedruckt in Abt. I Abschn. A Nr. 23) bei „vorgeschriebenen" Stundungen (s. § 22 Anm. 1 S. 246) das Berufungsverfahren zulässig, weil diese Stundungen „sachlich eine Korrektur der Abgabeberechnung bedeuten" (RdErl. vom 6. September 1949 — 1. SHA.-Sammelerlaß — Tz. 101, hier abgedruckt in Abt. I Abschn. A Nr. 18). Nun bleibt zwar eine Stundung immer eine Stundung, auch wenn das FA. verpflichtet ist, sie zu gewähren. Die Stundung unterscheidet sich von einer „Korrektur der Abgabeberechnung", d. h. einer Herabsetzung der Abgabe darin, daß sie nur auf Zeit bewilligt wird, während die Herabsetzung der Abgabe endgültig ist. Jedoch ist das Berufungsverfahren bei vorgeschriebenen Stundungen vielleicht schon nach AO. § 235 Nr. 5 („Bescheide über sonstige Steuervergünstigungen, auf deren Gewährung oder Belassung ein Rechtsanspruch besteht") zulässig. Sonst könnte man die Bestimmung, daß vorgeschriebene Stundungen eine Herabsetzung der Abgabe bedeuten, auch als Billigkeitsanordnung nach AO. § 13 ansehen; als solche ist sie nach der neueren Rechtsprechung des OFH. von den Steuergerichten anzuwenden, weil sie in amtlich veröffentlichten Runderlassen ausgesprochen ist (s. § 9 Anm. 1, a S. 133 und Nachtrag 2 zu § 9).

Bisher sind lediglich die Teilstundung der Sonderabgabe für Ausfuhrbetriebe (StDVO. § 33) und die Stundung in den Fällen der Demontage und Restitution (StDVO. § 61) als „vorgeschriebene Stundungen" erklärt worden (1. SHA.-Sammelerlaß Tz. 101), aber nur als Beispiele („z. B."). Es entsteht daher die Frage, woran zu erkennen ist, ob eine vorgeschriebene Stundung oder eine Ermessensstundung vorliegt. Man wird wohl solche Stundungen als vorgeschrieben anzusehen haben, die ohne Rücksicht auf die wirtschaftliche Lage des Abgabepfl. allein, beim Vorliegen objektiver Voraussetzungen gewährt werden müssen. Ferner wird erforderlich sein, daß die Stundung im Gesetz, in einer Durchführungsverordnung oder in einem amtlich bekanntgegebenen Runderlaß vorgeschrieben ist.

9. Muster für Stundungsanträge.

Um das Anwachsen aussichtsloser Stundungsanträge zu vermeiden, haben die Vertreter der Wirtschaft in Württemberg-Baden (besonders die industriellen Fachverbände und die Industrie- und Handelskammern) den ihren Verbänden angeschlossenen Abgabepflichtigen die Verwendung eines Musters als Unterlage für die Begründung von Stundungsanträgen empfohlen. Dieses Muster könnte auch in anderen Ländern benutzt werden, soweit dort nicht Sonderregelungen bestehen. Näheres im „Betriebs-Berater" 1949 Heft 30 S. 613.

Außerdem hat die Arbeitsgemeinschaft der Industrie- und Handelskammern des Vereinigten Wirtschaftsgebiets im Einverständnis mit der Verwaltung für Finanzen ihren Mitgliedskammern das Muster eines „Finanzstatus" als Grundlage für die Stellung und Bearbeitung von Stundungsanträgen übersandt. Das Bundesfinanzministerium hat diesem Muster zugestimmt, aber darauf hingewiesen, daß in jedem Fall eine genaue Nachprüfung vorgenommen werde. Näheres in der Zeitschrift „Der Betrieb" 1949 Nr. 50 S. 620.

S. auch Nachtrag 3 und 4 (Vordrucke für Landwirte und Grundstückseigentümer.

10. Stundungszinsen.

Ob bei Stundung der SH.-Abgabe Zinsen gefordert werden können, ist zweifelhaft. In StAnpG. § 20, StSäumnG. § 10 ist unter den Steuern, bei denen keine Stundungszinsen zu zahlen sind, nur die „Vermögensteuer" aufgeführt. Hierunter ist lediglich die Vermögensteuer im Sinne des Vermögensteuergesetzes zu verstehen. Bei anderen Steuern vom Vermögen sind daher Stundungszinsen zulässig; für die Erbschaftsteuer ist dies in der

Begründung zu StAnpG. § 20 (RStBl. 1934 S. 1398 f., 1411/1412) ausdrücklich klargestellt. Diese verschiedene Behandlung hat folgenden Grund. Die Steuern, bei denen Stundungszinsen erhoben werden können, sind durchweg einmalige Steuern, zu deren Bezahlung die Steuerpflichtigen häufig Kredit aufnehmen müssen. Wenn nun bei Stundung dieser Steuern keine Zinsen erhoben werden dürften, würden die Steuerpflichtigen auf Kosten des Staats Zinsen sparen und sich damit einen ungerechtfertigten Vorteil verschaffen (Riewald, Steueranpassungsgesetz, § 20 Anm. 4 S. 186/187). Diesem Zweck der Vorschrift entspräche es, bei der (einmaligen) Sonderabgabe die Erhebung von Stundungszinsen zuzulassen, nicht dagegen bei der allgemeinen SH.-Abgabe, die zwar formell als einmalige Abgabe gestaltet ist, aber in Teilbeträgen, ähnlich einer laufenden Steuer, entrichtet wird.

Nachträge zu SHG. § 23.

1. Zu § 23 Anm. 2 (S. 250).

Abwälzung beim Erbbauzins.

Zu den wiederkehrenden Leistungen, bei denen eine Abwälzung der allgemeinen SH.-Abgabe in Betracht kommt, gehört auch der Erbbauzins. Das Erbbaurecht unterliegt als Grundbesitz (RBewG. § 50 Abs. 2, § 57 Abs. 1) der Abgabepflicht. Der Erbbauzins kann hierbei nicht abgezogen werden (s. § 8 Anm. 2, b, ee S. 127/128). Jedoch kann der Erbbauberechtigte einen entsprechenden Teil der auf das Erbbaurecht entfallenden Abgabe auf den Grundstückseigentümer abwälzen (RdErl. d. BMdF. vom 21. Februar 1950 LA 8530 — 7/50).

Der Gesamtwert der Verbindlichkeit, d. h. des Erbbauzinses ist, da die Leistungen auf bestimmte Zeit beschränkt sind, nach RBewG. § 15 Abs. 1 gleich der Summe der einzelnen Jahreswerte abzüglich der Zwischenzinsen unter Berücksichtigung von Zinseszinsen, wobei von einem Zinssatz von 4% auszugehen ist; der Gesamtwert darf das 25fache des Jahreswerts nicht übersteigen. Für die Berechnung ist eine Hilfstafel aufgestellt (RStBl. 1944 S. 772, BayFMAmtsbl. 1947 S. 18). Der Zinssatz von 4% entspricht allerdings nicht mehr den heutigen Zinsverhältnissen.

Maßgebend für die Berechnung des Gesamtwerts ist die Restdauer des Erbbaurechts vom 21. Juni 1948 ab.

Die Abwälzung ist auch dann zulässig, wenn die Restdauer des Erbbaurechts und damit die Laufzeit des Erbbauzinses weniger als 10 Jahre beträgt (s. u. Nachtrag 3).

2. Zu § 23 Anm. 4 (S. 256).

Abwälzung auf befreite Personen.

Zweifelhaft ist, ob die allgemeine SH.-Abgabe auch auf solche Berechtigten abgewälzt werden kann, die nach § 5 oder § 6 von der Abgabepflicht befreit sind. Wir möchten es bejahen. Die Abwälzung soll an die Stelle des — nicht zugelassenen — Abzugs treten; sie soll dem Abgabepfl. die Zahlung der Abgabe erleichtern. Dieser Zweck der Vorschrift trifft auch dann zu, wenn der Berechtigte selbst von seiner eigenen Abgabepflicht befreit ist. Es ist nicht einzusehen, warum der Abgabepfl. durch die Befreiung des Berechtigten benachteiligt werden soll. Vor allem muß dies im Verhältnis zu den Berechtigten gelten, die nur mit einem Teil ihres Vermögens von der Abgabe befreit sind (§ 5 Nr. 1, 2, 4 bis 8). Bei den Angehörigen der VN. kommt noch hinzu, daß deren Befreiung auf einer Anordnung der Besatzungsmächte beruht; hätten diese auch die Abwälzung ausschließen wollen, so hätten sie es wohl ausdrücklich gesagt.

Wenn die Abwälzung auf Angehörige der VN. nicht zulässig sein sollte, müßte wohl eine ähnliche Regelung getroffen werden, wie sie in UmstG. § 15 für die Fälle vorgesehen ist, in denen ein Angehöriger der VN. als Gläubiger einer RM-Forderung der Umstellung im Verhältnis 10 : 1 widersprochen hat; dann ist das Land, in dem der Schuldner ansässig ist, verpflichtet, den Schuldner für seine Mehrleistung schadlos zu halten.

Jedenfalls wird bis zur Klärung dieser Fragen der Betrag der allgemeinen SH.-Abgabe, der wegen der Befreiung des Berechtigten nicht abwälzbar sein sollte, auf Antrag zu stunden sein.

3. Zu § 23 Anm. 6 (S. 257).

Steuerwert der Verbindlichkeit.

Aus RBewG. § 74 Abs. 1 Nr. 2 i.V. mit § 67 Nr. 4 ergibt sich, daß der Kapitalwert von Renten, die dem Berechtigten auf die Dauer von weniger als 10 Jahren zustehen, beim Gesamtvermögen nicht abgezogen werden kann. Hieraus folgt aber nicht, daß solche Verpflichtungen keinen „Steuerwert" haben. Abgesehen davon, daß Abziehbarkeit und Steuerwert verschiedene Dinge sind, können derartige Verpflichtungen jedenfalls beim Betriebsvermögen abgezogen werden, soweit sie mit diesem in wirtschaftlichem Zusammenhang stehen (RBewG. § 62 Abs. 1); ihnen kann daher ein Steuerwert nicht abgesprochen werden. Erst recht gilt dies für die nach RBewG. § 68 Nr. 3 und 5, b nicht zum sonstigen Vermögen gehörenden Renten und ähnlichen Bezüge, die mit Rücksicht auf ein früheres Arbeits- oder Dienstverhältnis gewährt werden, und Renten, die dem Berechtigten als Entschädigung für den durch Krankheit oder Körperverletzung herbeigeführten gänzlichen oder teilweisen Verlust der Erwerbsfähigkeit zustehen, denn die entsprechenden Verpflichtungen — und auf den Steuerwert der Verpflichtung kommt es an — sind auch beim Gesamtvermögen abziehbar.

Nachträge zu SHG. § 24.

Zu § 24 Anm. 1 (S. 265 f.).

Anrechnung der Zinsen und Tilgungsbeträge.

1. Wirkungen des Verzichts auf Umstellungsgrundschulden.

Nach HypSichG. § 3a wird bei Grundstücken, die von Kriegs- oder Kriegsfolgeschäden betroffen sind, auf Umstellungsgrundschulden teilweise verzichtet. Dieser Verzicht hat — im Gegensatz zum Verzicht nach § 3b — rückwirkende Kraft auf den 1. Juli 1948. Damit fällt auch der Anspruch auf Zinsen und Tilgungsbeträge für die rückliegende Zeit weg. Wenn solche Zinsen gestundet worden sind und die Einziehung der Tilgungsbeträge ausgesetzt worden ist, können diese Beträge nach StDVO. § 63 Abs. 3 Nr. 2 bei kriegsbeschädigtem Grundbesitz von der SH.-Abgabe abgesetzt werden. Fallen diese Beträge nachträglich infolge Verzichts weg, so können sie an sich nicht abgesetzt werden. Die Abgabeberechnung müßte daher nachträglich geändert werden, und die Abgabepflichtigen müßten die erlassenen und ausgesetzten Beträge als SH.-Abgabe nachzahlen.

Es ist beabsichtigt, eine Durchführungsverordnung zu erlassen, die diese nachträgliche Änderung der Abgabeberechnung für das erste Erhebungsjahr ausschließt. Schon jetzt ist aber für das erste Erhebungsjahr so zu verfahren, daß ein Verzicht auf die Umstellungsgrundschuld keinen Einfluß auf die Anrechnung erlassener Zinsen und ausgesetzter Tilgungsbeträge auf die SH.-Abgabe hat. Es bleibt also trotz der Rückwirkung des Verzichts für das erste Erhebungsjahr beim bisherigen Verfahren (2. SHA.-Sammelerlaß Tz. 26, hier abgedruckt in Abt. I Abschn. A Nr. 23).

Sollten ausnahmsweise auf den Teil der Umstellungsgrundschulden, auf den verzichtet worden ist, Beträge gezahlt worden sein, so wird die grundschuldverwaltende Stelle diese Beträge erstatten. Sie sind aber nach demselben RdErl. (Tz. 26) auf die SH.-Abgabe nicht mehr anzurechnen. Sind sie auf Grund der Zahlung angerechnet worden, so ist nach dem Verzicht die Abgabeberechnung zu ändern. Das Abgabesoll erhöht sich um den zurückerstatteten, bisher angerechneten Betrag.

Hiernach sind also nicht gezahlte Zinsen und Tilgungsbeträge anzurechnen, gezahlte und erstattete dagegen nicht. Worauf diese verschiedene Behandlung beruht, ist nicht ersichtlich. Im wirtschaftlichen Ergebnis ist es doch das gleiche, ob die Beträge nicht gezahlt oder ob sie gezahlt und nachher erstattet worden sind.

2. Keine Umstellungsgrundschulden sowie Zinsen und Tilgungsbeträge für Angehörige der Vereinten Nationen.

Für Angehörige der VN. entstehen keine Umstellungsgrundschulden. Auch als Grundeigentümer sind die Angehörigen der VN nicht zu den Zinsen und Tilgungsbeträgen heranzuziehen (näheres Nachtrag 2 zum HypSichG.).

3. Hinausschieben von Terminen.

a. Leistungen aus Umstellungsgrundschulden (Zinsen und Tilgungsbeträge) können auf die allgemeine SH.-Abgabe des ersten Erhebungsjahrs (1. April 1949 bis 31. März 1950) nur insoweit angerechnet werden, wie sie bis zum 31. März 1950 entrichtet worden sind (§ 24 Anm. 1, b S. 267). Der BMdF. hat sich jedoch im RdErl. v. 11. April 1950 LA 8680 — 1/50 zur Vermeidung von Härten damit einverstanden erklärt, daß Beträge, die bis zum 31. März 1950 hätten gezahlt werden müssen, auch dann noch auf die allgemeine SH-Abgabe angerechnet werden, wenn sie bis zum 30. April 1950 bei der grundschuldverwaltenden Stelle eingegangen sind. Für außerplanmäßige Kapitalrückzahlungen gilt diese Nachfrist nicht.

b. Zur Durchführung der Anrechnung der Zinsen und Tilgungsbeträge auf die den Grundbesitz betreffende allgemeine SH.-Abgabe war vorgesehen, daß die Abgabepflichtigen bis zum 30. Juni 1950 dem zuständigen FÄ. Bestätigungen der grundschuldverwaltenden Stelle über die Höhe der entrichteten, erlassenen oder ausgesetzten Leistungen einzureichen haben (§ 24 Anm. 1, b S 268). Nach einer Bekanntmachung des BMdF. im Bundesanzeiger Nr. 118 v. 23. Juni 1950 S. 10 ist mit einer Hinausschiebung dieses Termins zu rechnen. Weitere Anordnungen hierüber sind daher abzuwarten.

Nachträge zu SHG. § 26.

1. Zu § 26 Anm. 2 (S. 273/274).

Abzug der Zinsen und Tilgungsbeträge.

a. Wenn in Anm. 2 (S. 274) gesagt ist, daß die Zinsen und Tilgungsbeträge, soweit sie die allgemeine SH.-Abgabe übersteigen, „bei der Einkommensteuer und der Gewerbesteuer" abgezogen werden können, so bedeutet dies, wie der Zusammenhang ergibt, natürlich den Abzug beim Einkommen und beim Gewerbeertrag und nicht den Abzug von der Einkommen- und Gewerbesteuer.

b. Die Vorschrift des § 26 Abs. 2 Satz 2 bezieht sich nur auf die in § 24 bezeichneten Zinsen und Tilgungsbeträge, also die für die Zeit vom 1. April 1949 ab gezahlten Beträge, soweit diese die allgemeine SH.-Abgabe übersteigen. Die für die Zeit vom 1. Juli 1948 bis zum 31. März 1949 geleisteten Zahlungen sind nach den allgemeinen Vorschriften des EStG. abziehbar, also die Zinsen als Werbungskosten beim Einkommen aus Grundbesitz und als Betriebsausgaben beim Einkommen aus Gewerbebetrieb. Die auf diese Zeit entfallenden Tilgungsbeträge können nicht abgezogen werden (Verf. d. OFPr. München vom 24. März 1950 S 2183 — 8 St).

2. Zu § 26 Anm. 3 (S. 276).

Abzug der Abgabeschuld bei der Vermögensteuer und der Erbschaftsteuer.

a. Wir haben (S. 274) gesagt, daß die allgemeine SH.-Abgabe hinsichtlich des Abzugs bei der Vermögensteuer den laufend veranlagten Steuern gleichzustellen sei. Diese Auffassung entspricht u. E. dem Zweck der Abzugsbeschränkung (RBewDV. § 53a), die auf dem Gedanken beruht, daß laufende Steuerzahlungen für die nach dem Stichtag liegende Zeit das Stichtagsvermögen noch nicht belasten. Dieser Gedanke trifft auch auf die einzelnen Raten der allgemeinen SH.-Abgabe zu. Wenn die Vorschrift des § 53a von laufend „veranlagten" und nicht von laufend „gezahlten" Steuern spricht, so liegt dies offenbar daran, daß damals nur laufend veranlagte Steuern laufend zu zahlen waren.

b. Das Erläuterungsbuch zum D-Markbilanzgesetz von Schmölder-Gessler-Merkle (§ 75 Anm. 10 S. 496) vertritt unter Berufung auf DMBG. § 5 Abs. 1, § 47 und die Rechtsprechung des RFH. zu EStG. 1925 § 108 Abs. 2 (Urt. vom 22. November 1927 I A 149/27, Bd. 22 S. 247) die Auffassung, daß die Vorschrift des DMBG. § 75 auch für Verbindlichkeiten gilt. Von derselben Ansicht geht der OFH. im Urteil vom 19. Dezember 1949 III 21/49 S (BayFMAmtsbl. 1950 S. 38) aus, ohne sie allerdings näher zu begründen. Meilicke DM-Bilanzgesetz, § 75 Anm. 6 S. 192) will anscheinend den Abzug von Verbindlichkeiten bei der VSt. ausschließlich nach den Vorschriften des DMBG. beurteilt wissen.

c. Bei der Erbschaftsteuer ist nach Erlassen der FM. der britischen Zone die SH.-Abgabe nicht zu berücksichtigen. Demgemäß sind in Niedersachsen, Schleswig-Holstein und Hamburg die FÄ. angewiesen, die ErbSt. vorläufig zu veranlagen und hierbei die SH.-Abgabe außer Betracht zu lassen; nur die rückständigen Teilbeträge sind abzuziehen. Jedoch ist die ErbSt. bis zu dem Betrag zu stunden, der sich ergäbe, wenn vom Nachlaß der 4fache Jahresbetrag der allgemeinen SH.-Abgabe und die SH.-Sonderabgabe — abzüglich der vom Erblasser selbst bezahlten Beträge — abgesetzt würden. Dagegen hat das FG. Schleswig-Holstein den Abzug der allgemeinen SH.-Abgabe bei der ErbSt. mit dem 12½fachen Jahresbetrag zugelassen (Urt. vom **20.** Januar **1950** II **167/49**).

In Rheinland-Pfalz ist nach der RdVerf. d. MfF. u. WAB. vom **10.** März **1950** (MinBl. Sp. **179**f.) die allgemeine SH.-Abgabe als Leistungen von unbestimmter Dauer mit dem **12½**fachen Jahresbetrag (RBewG. § **15** Abs. **2**) abzuziehen, jedoch sind, wenn zum Nachlaß ein mit Umstellungsgrundschulden belasteter Grundbesitz gehört, die Jahresbeträge um die anzurechnenden Zinsen und Tilgungsbeträge zu kürzen; außerdem sind die Umstellungsgrundschulden mit ihrem Nennbetrag abzuziehen (s. auch Nachtrag **3** zum HypSichG.).

In Bremen wird die ErbSt. grundsätzlich endgültig veranlagt, und es bleibt dem Stpfl. überlassen, nach Inkrafttreten des endgültigen Lastenausgleichs eine Berichtigung der Steuerfestsetzung nach ErbStG. § **36** zu beantragen. Es ist aber ein Teil der ErbSt. zu stunden. Für die Berechnung des zu stundenden Betrags ist von dem Wert des nach dem SHG. abgabepflichtigen Teils des Erwerbs auszugehen. Dieser Wert ist mit **50%** anzusetzen. Der Unterschied zwischen der auf dieser Grundlage berechneten ErbSt. und der im Steuerbescheid festgesetzten ErbSt. ist bis auf weiteres zu stunden.

Nach einem Erlaß des FM. von Nordrhein-Westfalen vom **7.** März **1950** sind alle ErbSt.-Veranlagungen, bei denen die Steuerschuld nach dem **20.** Juni **1948** entstanden ist, ohne Abzug der SH.-Abgabe vorläufig vorzunehmen. Die gleiche Auffassung soll der BMdF. vertreten („Finanz-Rundschau" **1950** Nr. **8** S. **127**).

Die vorstehenden Angaben sind der Zeitschrift „Der Betrieb" **1950** Nr. **7** S. **77**, Nr. **9** S. **103** und Nr. **17** S. **199** sowie der „Finanz-Rundschau" **1950** Nr. **6** S. **96** und Nr. **8** S. **127** entnommen.

Jedenfalls wird die ErbSt. bei Abgabepflichtigen stets vorläufig zu veranlagen sein.

d. Im übrigen wird auf die ähnlichen Fragen beim Konkurs (Nachtrag zu § **1**) und bei der Liquidation (Nachtrag **2** zu § **2**) verwiesen.

Nachträge zu SHG. § 28.

1. Zu § 28 Nr. 1.

Art der Entrichtung der SH.-Abgabe im Falle der Bodenreform.

In einer zu erlassenden Durchführungsverordnung soll bestimmt werden, daß in Fällen der Bodenreform die betroffenen Grundbesitzer die allgemeine SH.-Abgabe unter gewissen Voraussetzungen und in gewissem Umfang durch Hingabe von Schuldverschreibungen oder durch Abtretung der Entschädigungsforderung leisten können, soweit nach dem Bodenreformgesetz des betreffenden Landes die Entschädigung in dieser Form geleitet worden ist. Bis zum Erlaß dieser Verordnung ist die Abgabe in bestimmtem Umfang zu stunden. Näheres im 2. SHA.-Sammelerlaß Tz. 28 (hier abgedruckt in Abt. I Abschn. A Nr. 23).

2. Zu § 28 Anm. 2 (S. 279/280).

Vergünstigungen bei Verpachtung land- und forstwirtschaftlicher Betriebe an Flüchtlinge.

Die Vorschriften der StDVO. § 66 werden durch die Richtlinien des Hauptamts für Soforthilfe über die Nichterhebung der Soforthilfeabgabe bei Verpachtung land- und forstwirtschaftlicher Betriebe vom 7. November 1949 (Bundesanzeiger Nr. 29 vom 29. November 1949, hier abgedruckt in Abt. I Abschn. A Nr. 25) folgendermaßen ergänzt.

Der Betrieb muß freiwillig verpachtet sein; es darf sich also nicht um eine Landabgabe im Rahmen der Durchführung der Bodenreform handeln.

Bei Vorbereitung des Pachtabschlusses müssen die berufsständischen Vertreter der Landwirtschaft, die Vertreter der Heimatvertriebenen und die Selbsthilfeeinrichtungen beteiligt werden.

Der Betrieb muß eine derartige Mindestgröße haben, daß der Pächter durch die Bearbeitung seinen notwendigen Lebensunterhalt beziehen kann.

Der Pächter muß die erforderliche Eignung zur ordnungsmäßigen Bewirtschaftung eines land- und forstwirtschaftlichen Betriebs haben, und er muß eine entsprechende Gewähr bieten, daß er die übernommenen Verpflichtungen erfüllen wird.

Sachwörterverzeichnis

zu den Nachträgen zum SHG. und zum SichG.

Die Paragraphenzahlen beziehen sich auf das SHG., soweit nicht das SichG. angeführt ist.

Abkürzung: N. = Nachtrag

Kolibri 360 GmbH
Ferdinand-Jühlke-Straße 7
99095 Erfurt, Deutschland
produktsicherheit@kolibri360.de